幼儿园活动设计指导丛书

丛书主编　卓萍　金东波

幼儿园健康活动
设计案例

（第二版）

主编　罗智梅

WUHAN UNIVERSITY PRESS

武汉大学出版社

图书在版编目(CIP)数据

幼儿园健康活动设计案例 / 罗智梅主编. -- 2 版. -- 武汉 ：武汉
大学出版社, 2025.7. -- 幼儿园活动设计指导丛书 / 卓萍, 金东波主编.
ISBN 978-7-307-24924-0

Ⅰ. G613.3
中国国家版本馆 CIP 数据核字第 2025TA9833 号

责任编辑:郭　静　　　责任校对:杨　欢　　　版式设计:韩闻锦

出版发行：**武汉大学出版社**　（430072　武昌　珞珈山）
　　　　　（电子邮箱：cbs22@ whu.edu.cn　网址：www.wdp.com.cn）
印刷:武汉中科兴业印务有限公司
开本:787×1092　1/16　印张:15.25　字数:326 千字　插页:1
版次:2018 年 3 月第 1 版　　2025 年 7 月第 2 版
　　2025 年 7 月第 2 版第 1 次印刷
ISBN 978-7-307-24924-0　　　定价:59.00 元

幼儿园活动设计指导丛书

丛书主编 卓萍 金东波

编委会名单

WUHAN UNIVERSITY PRESS
武汉大学出版社

本书编委会名单

主　编　罗智梅
副主编　杨忠旺　梁　爽　邓松柏　李文倩
参　编　吴思思　梁　媛　邹　苗　韩梦婕　罗　攀　罗　锐

WUHAN UNIVERSITY PRESS
武汉大学出版社

序　言

　　高职高专学前教育专业培养的是适合幼儿园需要的"高素质、牢基础、强能力、有特长"的应用型专门化人才，应该构建"多形式、全过程、高质量、全覆盖"的实践教育体系，把学生的实践能力培养融于师范教育的全过程，把职场适应贯穿于整个专业学习的全过程，着力提升学前教育专业学生的学习能力、实践能力和创新能力。

　　我国《现代职业教育体系建设规划（2014—2020年）》（教发〔2014〕6号）明确提出"坚持产教融合发展推动专业设置与产业需求、课程内容与职业标准、教学过程与生产过程对接"，"将工学结合贯穿职业教育教学全过程，学生从入学开始就接受相应的动手和实践课程"。这就明确了实践教学是职业教育质量保障体系中非常重要的教学环节。

　　《幼儿园教师专业标准（试行）》（以下简称《专业标准》）在实施建议中明确指出："幼儿园教师要将《专业标准》作为自身专业发展的基本依据。制定自我专业发展规划，爱岗敬业，增强专业发展自觉性。"教师专业发展规划不但适用于在职教师，也适用于在校师范生。所谓专业发展，从教师个体角度理解，是指教师个体知识能力素质的完善和社会环境适应能力的增强。个体专业发展有两个维度，一是自身素质结构与工作岗位的要求相互磨合、不断适应，这是个体内在品质的完善过程；二是在职业生涯进程中个体不断适应社会环境和工作经验逐步丰富的过程，这是个体外在行为的规范过程。

　　专业发展规划对于学前教育专业毕业生来讲，实际上是一种职业生涯规划。《专业标准》对学前教育专业的独特性有着明确的"专业导向"，即：幼儿园教师必须具备综合性的教育支撑能力，包括创设和利用环境、安排和组织一日活动、支持和引导幼儿游戏、计划和实施教育活动四种职业核心能力，激励与评价、沟通与合作、反思与发展三种教育方法能力，观察、沟通、评价、合作四种专业行为能力，以及幼儿教师必备的为幼儿提供适宜教育的意识和能力。

　　《专业标准》具有鲜明的专业实践能力导向，而实践教学的目的就是有效提高学前教育专业学生理论与实践相结合、教育实践和反思的能力，使学生在毕业时能够适应幼儿园一线教育教学工作的实际需要，更是为学生入职指导、幼儿教师专业化成长和职业可持续发展奠定良好的基础。

　　"幼儿园教育活动设计与指导"是学前教育专业学生的核心课程，在学前教育专业课程中起到承上启下的作用，是学前教育理论和学前教育实践的中介和桥梁。幼儿园教育活动设计与指导能力是高职高专学前教育专业学生必须具备的核心能力。

　　幼儿园教育活动设计立足于学前卫生学、学前心理学、学前教育学、儿童行为观察与指导等专业理论知识，将课程理论与教学设计相结合，既是系统地对活动主题、目标、内容、活动过程以及评价进行科学的设计和有效的教学指导活动，又是在学生具备相应的专业技能，即说、弹、唱、跳、画的基础上，围绕某一活动主题进行设计并通过校内课堂理实一体化、校外教育见实习加以实施的实践活动。活动设计课程的目标是：学习、了解基本概念和基本知识，掌握五大领域课程的理论体系和活动案例；学会利用多种途径收集、整理资料，运用案例分析、模拟试教、实境课堂、保教实习等方法，解决幼儿园教育活动实际的问题，凸显实践运用能力，这种能力必须在实践中经过持久淬砺才能获得。

　　《教育部关于大力推进教师教育课程改革的意见》提出："精选对培养优秀教师有重要价值的课程内容，将学科前沿知识、教育改革和教育研究最新成果充实到教学内容中，特别应及时吸收儿童研究、学习科学、心理科学、信息技术的新成果。要将优秀中小学教学案例作为教师教育课程的重要内容。"目前有些活动设计教材的理论观点滞后，难以反映学前教育的政策和发展动态信息，不能达到《教师教育课程标准（试行）》《幼儿园教师专业标准（试行）》《中小学和幼儿园教师资格考试标准（试行）》《3—6岁儿童学习与发展指南》对学前教育专业实践能力的新要求，有的活动设计教材理论知识描述太多，教学活动案例太少，无法提供优质的幼儿园实践的范例。

　　"幼儿园活动设计指导丛书"是按照职业教育发展的指导思想，根据国家颁布的《幼儿园教育指导纲要》《幼儿园教师专业标准》《3—6岁儿童学习与发展指南》等相关文件的要求，根据学前教育专业的人才培养目标和培养规格编写的符合学前教育专业特点和幼教岗位实际需求的核心课程——"幼儿园活动设计"的训练指导教材。力求比较全面地反映国家教师教育和职业教育发展倡导的教育教学改革的新理念和新要求，同时在吸收学前教育专业课程改革优秀成果的基础上，努力完善学前教育专业"幼儿园活动设计"课程的实践教学体系。

　　"幼儿园活动设计指导丛书"一共有六册，涵盖了五大领域的内容，以训练学前教育专业学生岗位职业能力为主线，力求实现"学前教育专业与幼儿园工作岗位、课程标准与幼儿园教师专业标准、教学过程与幼儿园工作过程"无缝对接。呈现出以下特点：

　　1. 结构合理，内容实用，可操作性强。

　　"幼儿园活动设计指导丛书"在内容上实现了整体性和分层性的统一，既可以作为学生学习"幼儿园活动设计"综合课程的案例，也可以作为学前教育专业分领域的教学内容。五大领域有很强的综合性，每个领域都有自身的核心要素和核心能力的训练，学生只要练就了比较扎实的各领域教学指导的本领，再通过幼儿园教育实习的具体实践，加上入职后根据主题活动进行具体的活动设计，就能够迅速提高综合运用能力。这套书选择实用性突出的内容，学生在具体实施中操作容易。

2. 层次清晰，材料丰富，岗位性突出。

《专业标准》对幼儿园教师必须具备的教育教学能力提出了明确要求，特别强调幼儿园教师要具有观察了解幼儿、掌握不同年龄幼儿身心发展特点和个体差异的能力；要具有环境的创设与利用、一日生活的组织与保育、游戏的支持与引导、教育活动的计划与实施、对儿童的激励与评价等基本专业能力；能根据幼儿的特点和需要，给予适宜的指导，并能引发和支持幼儿的主动活动，引导幼儿在游戏活动中获得多方面的发展。"幼儿园活动设计指导丛书"按照幼教岗位科学保教的标准和要求，按照"幼儿园活动设计"这门课程在幼儿园集体教学活动中的地位，旨在指导幼儿园教师提高进行各领域集体活动的实践能力。"幼儿园活动设计指导丛书"要成为学生从模仿到运用、从运用到反思、从反思到创造这样一个成长过程的"脚手架"和"桥梁"，案例材料内容丰富，教学环节设计合理，教学过程体现幼教岗位的教育思想和教学方法手段的合理利用，突出了学前教育专业职业性、岗位性的特点，力争实现教学内容和方法与幼儿园活动设计理念和方法的无缝对接。同时，我们不希望学生成为模仿的机器，希望借助于具有现代新的教育观念和实践性极强的活动方案，帮助准教师们深入理解学前教育领域和这个岗位的新观念，掌握与之相适应的教育实践的特征和方法，实现知识和能力的迁移，学会离开"拐杖"，树立现代教育观和育儿观，自己独立而富有创造性地开展活动设计。

3. "院园合作"，采用"双导师"指导实践，体现"产教融合"。

学前教育专业实践教学应该按照"产教融合、资源共享、优势互补、合作多赢、共同发展"的发展理念，与优质幼儿园和幼教机构建立"学前教育实践研究基地"，通过"院园合作"，建立教学实践岗位成长的"双导师"指导机制。"幼儿园活动设计指导丛书"的内容都是幼儿园非常实用的集体活动内容，也可以成为幼儿园教师的参考用书。通过"双导师"理论和实践相结合的配合指导，由高校专任教师和幼儿园骨干教师共同合作，根据学前教育职业岗位的实际需要和高职学生的能力要求，共同设计若干"全真"或"仿真"的工作情景和案例，进而转化为一系列学习项目，通过这些真实案例的分析和真实项目的演练，将理论课教学过程与实践操作紧密结合，以激发学生的学习兴趣、探究兴趣和职业兴趣，在一定程度上实现学生职业道德、教育理念、专业知识、能力培养的提升。

参加本套丛书编写的教师，都是来自高校教学一线有着理论和实践经验的"双师"型骨干教师，和来自幼儿园一线有着丰富实践经验的专家、名师，他们带着对培养高素质应用型学前教育专门人才的责任感和使命感，怀着提升幼儿园教师专业化成长质量的美好愿望，结合自身多年来对实践教学的指导经验，力求体现出新形势下学前教育专业教学改革特别是实践教学改革的新成果。

由于编写人员的学识与经验有限，本套丛书还存在许多不足和缺憾，恳请各位专家、老师和同学在使用的过程中，提出宝贵的意见和建议，帮助我们进一步改进和完善本套丛书的质量。

本套丛书在编写过程中，参考借鉴了相关的教材和资料，采纳和引用了许多研究者的观点，在此特向这些作者表示诚挚的敬意和衷心的感谢。

卓萍

2018 年 1 月

再版前言

　　一个人从出生到长大成人，成为具有健康的身体、发达的智能、丰富的知识和良好品质的社会成员，主要依靠各个阶段的教育。其中，幼儿教育的奠基作用至关重要。在儿童成长的黄金时期，健康教育不仅是一项基本的教育内容，更是一种生活的艺术。《幼儿园健康活动设计案例》一书，为学前教育专业的学生、幼儿园教师、儿童健康教育工作者以及所有关心儿童健康成长的人士提供了一份实践指南。

　　《3—6岁儿童学习与发展指南》（以下简称《指南》）以为幼儿后继学习和终身发展奠定良好素质基础为目标，以促进幼儿体、智、德、美各方面的协调发展为核心，通过提出3—6岁各年龄段儿童学习与发展目标和相应的教育建议，帮助幼儿园教师和家长了解3—6岁幼儿学习与发展的基本规律和特点，建立对幼儿发展的合理期望，实施科学的保育和教育，让幼儿度过快乐而有意义的童年。《指南》中提出，健康是指人在身体、心理和社会适应方面的良好状态。幼儿阶段是儿童身体发育和机能发展极为迅速的时期，也是形成安全感和乐观态度的重要阶段。发育良好的身体、愉快的情绪、强健的体质、协调的动作、良好的生活习惯和基本的生活能力是幼儿身心健康的重要标志，也是其他领域学习与发展的基础。

　　本书所提供的健康活动案例资源以《幼儿园教育指导纲要（试行）》为指导思想，结合《指南》提出的要求与教育理念，深入贯彻落实习近平总书记关于职业教育工作和教材工作的重要指示批示精神，全面贯彻党的教育方针，落实立德树人根本任务。本书修订后的案例坚持马克思主义指导地位，体现了党的理论创新最新成果，体现了中华优秀传统文化，巧妙融入课程思政，拓展教学资源，建立教学课件。党的二十大报告强调，教育是国之大计、党之大计，要办好人民满意的教育，全面贯彻党的教育方针，落实立德树人根本任务，培养德智体美劳全面发展的社会主义建设者和接班人。本书的编写正是在这一精神指引下，围绕幼儿健康教育这一关键领域展开的。案例包含"身心状况、动作发展、生活习惯和生活能力"三个方面内容，旨在通过一系列精心设计的健康教育活动案例，为读者提供具体的操作框架和实施策略。我们希望读者能够从中获得启发，并结合自己的教育实践，创造出更多适合儿童发展需求的健康教育活动。

　　本案例集由罗智梅老师担任主编，负责全书架构策划及统稿，杨忠旺、梁爽、邓松柏、李文倩老师担任副主编，负责案例的修订，吴思思、梁媛、邹苗、韩梦婕、罗攀、罗锐老师为参编人员。在编写本书的过程中，由于时间紧、任务重，有些内容我们还未能深入探讨，存在一些不足之处，欢迎广大读者和专家对本书提出宝贵的意见和建议。

目　录

小　班

中　班

大　班

小　　班

一、我爱幼儿园

重点领域：健康

设计意图

在没上幼儿园之前，幼儿是家里的中心，备受呵护。到要上幼儿园时，对幼儿来说是个大挑战！因为他们所面对的环境、人物都是陌生的，所以他们需要在老师的帮助下，熟悉环境，调适自己。入园的第一天，教师必须安抚每一个幼儿，安排适宜的活动，引导幼儿认识同伴，熟悉幼儿园的环境，让幼儿尽快适应集体生活。

活动目标

1. 喜欢幼儿园，适应幼儿园环境。
2. 认识同伴和老师。
3. 在幼儿园能够主动打招呼。

活动准备

1. 知识经验准备：家长对幼儿介绍过幼儿园。
2. 物质材料准备：故事PPT。

活动过程

1. 提问导入，吸引注意。

（1）教师自我介绍。

师：你们知道我是谁吗？

（2）让每个幼儿告诉大家自己的名字，并和每个幼儿拉拉手，或亲亲脸。

2. 讲述故事，让幼儿喜欢幼儿园。

（1）教师讲述《兔宝宝上幼儿园》的故事（见"活动资源"）。

师：兔宝宝为什么喜欢新书包？兔宝宝为什么躲在兔妈妈身后？兔宝宝怎么不高

兴了？

(2)引导幼儿理解故事的内容，并说说入园第一天的感受，以及在家里和在幼儿园里有什么不同。

3. 鼓励幼儿主动和别人打招呼，结交新朋友。

(1)教师介绍用语言打招呼的方式。

师：在幼儿园时遇见老师和小朋友用"你好"打招呼，还可以用"嗨"。

(2)教师介绍几种打招呼的肢体语言。

师：上幼儿园时遇见老师时可以鞠躬，点头，遇见小朋友可以拉手、拥抱等。

(3)带领幼儿进行游戏活动，模拟路遇的情景，练习打招呼的口头语言和肢体语言。

活 动 延 伸

家园共育：回家主动和爷爷奶奶、爸爸妈妈打招呼。

幼儿园活动：第二天早上来幼儿园，与教师及小朋友打招呼。

活 动 资 源

兔宝宝上幼儿园(故事)

早晨，兔宝宝按时醒来，看见桌上有一个新的小书包，便高兴地问道："妈妈！妈妈！这是你给我买的新书包吗？"妈妈笑着说："是的，你喜欢吗？"兔宝宝连忙把新书包抱在胸前，大声说："喜欢！"妈妈说："好，今天你就背着新书包上幼儿园。"听说上幼儿园，兔宝宝心里一下激动起来：从今天开始，就可以和隔壁的兔姐姐一样，每天背着书包上幼儿园啦！

兔宝宝背上新书包，跟着兔妈妈走出了家门，正好遇上隔壁的兔姐姐，兔宝宝拉着兔姐姐的手，一起蹦蹦跳跳向幼儿园走去。走进幼儿园，兔宝宝看见熊熊老师笑容满面地站在门口，还有好多小朋友都跟熊熊老师打招呼、问好。可是，这些小朋友他都不认识，他害怕地躲在兔妈妈的身后。这时，兔姐姐走上前去，对着熊熊老师鞠了一个躬，说："熊熊老师，早上好！"熊熊老师说："小朋友好！"接着，熊熊老师走到兔妈妈跟前，望着她身后的兔宝宝笑着说："你是新来的小朋友吧？欢迎你！"看着熊熊老师和蔼的笑容，兔宝宝觉得这位老师和妈妈一样亲。于是，兔宝宝学着兔姐姐的样子，也对着熊熊老师弯了一下腰说："老师，早上好！"熊熊老师听了，高兴地摸了摸兔宝宝的头说："哟，真懂礼貌！"

兔宝宝走进小班的教室，小伙伴们这个向他点点头，那个和他拉拉手，他一下子和小伙伴们熟悉起来，和大家一起高兴地玩着。兔宝宝想：和小伙伴在一起的感觉真好，我要天天上幼儿园。

二、做个快乐的宝宝

重点领域：健康

 设计意图

由于幼儿园与家庭生活的差异，初入园的幼儿往往情绪波动很大，有时遇到不称心的事就会感到难过、伤心，甚至又哭又闹，嗓子嘶哑、精神疲惫。对此，教师通过播放录音、讲述故事、观看画页、照哈哈镜等环节的活动，让幼儿知道经常哭闹有害身体健康，保持愉快情绪，有益于健康，要做个开心宝宝。

活动目标

1. 乐意保持愉快的情绪，愿意做一个"开心宝宝"。
2. 知道经常哭闹会伤害身体。
3. 能够照镜子找到快乐，笑一笑。

活动准备

1. 知识经验准备：幼儿了解基本的情绪及其情绪表现出来的样子。
2. 物质材料准备：幼儿哭声和笑声的磁带、哈哈镜1面，（故事）PPT。

活动过程

1. 声音导入，吸引兴趣。
（1）播放幼儿的笑声。并引导幼儿模仿笑的声音和样子。
师：看到别人笑的样子，你是什么感受呢？
（2）先播放幼儿的哭声。
师：你们听到了什么？是谁在哭呢？为什么哭呢？
（3）教师小结，引出故事。
师：原来是小公鸡在哭，下面我们一起看看小公鸡为什么哭了。

2. 讲述故事，知道要做一个快乐的宝宝。

（1）讲述童话故事《好哭的小公鸡》（见"活动资源"），使幼儿知道经常哭会伤害身体。

师：小公鸡的毛病是什么？小公鸡的毛病引起了什么后果？鸭医生的秘方是什么？小公鸡会变漂亮吗？

（2）理解故事内容，引导幼儿要做一个快乐的宝宝

师：你喜欢小公鸡吗？为什么？你想做一个"快乐宝宝"，还是想做一个"好哭宝宝"。

（3）教师小结。让幼儿知道经常笑一笑，就是开心的表现，知道开心有益于身体健康。

3. 照哈哈镜。

（1）组织幼儿依次在哈哈镜面前照一照。

（2）鼓励幼儿尽情地笑，并做一做开心的动作，体验做"快乐宝宝"的愉快情绪。

教师特别关注个别经常哭闹的幼儿，平时多观察他们的言行和情绪表现，了解他们的内心体验和情感需求，进行有针对性的个性化的引导。

好哭的小公鸡（故事）

在森林和村庄之间的一个小木屋里，住着鸡的一家。每天早晨，小公鸡都跟大公鸡一起啼叫报晓。有一天，东方刚刚发白，大公鸡就起床了，他走到小公鸡的房里一看，小公鸡还在呼呼大睡。大公鸡想：小公鸡昨天睡得太晚，玩得太辛苦了，今天就让他多睡一会儿吧！大公鸡走出小木屋，看见红彤彤的太阳开始从东方升起，知道报晓的时间到了。于是他对着森林，对着田野，对着村庄大声啼叫起来："喔，喔，喔——"森林里的动物醒了，田野里的庄稼醒了，村庄里的人们醒了，他们开始了新一天的生活。

听见大公鸡的啼叫，小公鸡也醒了，知道大公鸡今天没有叫他一起报晓，心里非常别扭。他走出小木屋，看见大公鸡就呜呜地哭了起来。大公鸡连忙安慰小公鸡："宝贝，我是心疼你，想让你多睡一会儿。"小公鸡大声地叫道："怪你！怪你！"说完，更是哇哇地大哭起来。大公鸡怎么劝说，他也止不住哭声。不久，小公鸡的嗓子哭哑了，连说话都很困难。

这时，大母鸡带着小母鸡走出了小木屋。大母鸡对小公鸡说："我们一起去找小虫子吧。"小公鸡才和小母鸡一起跟着大母鸡向草坡走去。刚走到草坡上，小公鸡和小母鸡同时看见一条肥虫子，就同时向肥虫子奔去。可是，小公鸡刚刚哭过，身上没有劲，

跑得不快，而小母鸡飞快地跑过去啄起了肥虫子。看见小母鸡吃了肥虫子，小公鸡顿时急了，又大声叫道："怪你！怪你！"说完又哇哇大哭起来。小母鸡连忙对小公鸡说："别哭了，下次看见虫子一定让你吃。"大母鸡也走过来劝慰他，可是小公鸡仍然不依不饶，反而哭得更厉害了。这一下，奇怪的事情出现了，小公鸡哭一声，身上漂亮的羽毛就掉一根。不一会儿，小公鸡周围都是他身上掉下来的羽毛，小公鸡身上的鸡皮疙瘩都显露出来，真是难看死了。

看到这情景，大母鸡慌了神，连忙带小公鸡去看鸭医生。鸭医生说："这种病叫好哭病，目前没有什么药物能治这种病。"没等鸭医生说完，小公鸡往地上一滚，又大哭起来，身上的羽毛又往下掉。鸭医生接着说："不过，我倒有一个秘方……"听鸭医生这么一说，小公鸡止住了哭声说："什么秘方？"

鸭医生搬出来一面大哈哈镜，往跟前一站，说："来，看看我是什么样子？"在哈哈镜里，鸭医生的脖子变得好长好长，肚子变得好大好大。小公鸡一看就咯咯笑起来。笑着笑着，小公鸡背上露出来的鸡皮疙瘩上开始长出了新的绒毛。鸭医生又让大母鸡照哈哈镜，哈哈镜里的大母鸡也是脖子变得好长好长，肚子变得好大好大。小公鸡一看又咯咯笑起来。笑着笑着，小公鸡胸前露出来的鸡皮疙瘩上也长出了新的绒毛。真有意思！小公鸡不由自主地在哈哈镜前一站，被自己变了形的模样逗得笑起来，咯咯咯，咯咯咯……笑个不停。这下可好，小公鸡翅膀上露出来的鸡皮疙瘩上也长出了新的绒毛。

鸭医生说，只要小公鸡克服好哭的毛病，经常笑一笑，保持愉快的心情，身上的羽毛就会重新长出来，还会变成一只漂亮的小公鸡。听完鸭医生的话，小公鸡说："我再也不哭了，要多笑一笑，做一只漂亮的小公鸡。"听了小公鸡的话，鸭医生和大母鸡都笑了。

三、我们的五官真美丽

重点领域：健康

 **设 计 意 图**

初上幼儿园的幼儿要结识同伴，首先要记住同伴的长相，而长相的差异，集中表现在头部的各个部位。因此，教师通过组织"我说你指"和"照镜子"的活动，指导幼儿认识头部各部位的名称和特征，让幼儿知道每个人的长相都是各不相同的，从而认同自己，喜欢别人，与同伴建立友好关系。

活 动 目 标

1. 乐意发现自己的美。
2. 认识五官的位置、功能及特点。
3. 能够比较自己与同伴之间长相的不同。

活 动 准 备

1. 知识经验准备：回家让父母带领幼儿观察其面部的组成。
2. 物质材料准备：白纸 1 张、大镜子 1 面。

活 动 过 程

1. 游戏导入，激发兴趣。

（1）组织进行"我说你指"的游戏活动，教师开始的语速可以慢一点，之后渐渐加快速度。

师：你们知不知道自己的鼻子、眼睛、嘴巴在哪儿啊？

（2）教师指着自己的头，依次说出头部各部位的名称。也可以故意指错地方，这样更能活跃活动气氛。

（3）教师小结：通过刚才"我说你指"的游戏，小朋友都知道了我们头部各部位的位置和名称。

2. 教师通过自己的画像，引导幼儿知道每个人的五官都不同。

(1)让幼儿仔细观察教师，并说一说教师的五官特征。

(2)教师将一张白纸粘在演示板上，根据幼儿所说各部位的特征，在白纸上用简笔画的方式画出自画像。

(3)让幼儿仔细观察画面，互相交流，说出对教师的自画像的评价。

3. 组织幼儿结伴照镜子，比较自己和同伴长相的不同。

(1)让幼儿结伴照镜子，互相比较头部各部位不同的特征。

师：每个人都有头发、眉毛、眼睛、鼻子、嘴巴和耳朵，难道每个人都长得一样吗？

(2)教师引导幼儿进行讨论，鼓励幼儿说出通过比较自己得出的结论。

(3)教师小结：我们每个人虽然都有头发、眉毛、眼睛、鼻子、嘴巴和耳朵，但各人有不同的特征。(教师可具体列举同伴之间相同部位的不同之处进行说明。教师还可通过比较各人脸型不同、个子不同、皮肤不同等，说明人的长相不同。)

4. 说说自己的五官

教师引导幼儿知道，虽然各人的长相不一样，但都是爸爸、妈妈最爱的小宝贝，引导幼儿既要喜欢自己，也要欣赏别人，建立良好的自我概念和人际关系。

 活 动 延 伸

幼儿园活动：组织幼儿进行猜谜活动(谜语见"活动资源")，进一步巩固认知。

 活 动 资 源

谜　语

一、有的像柳叶，有的像大刀，横在额头前，保护眼宝宝。(谜底：眉毛)

二、上边毛，下边毛，中间一颗黑葡萄。(谜底：眼睛)

三、左边一个洞，右边一个洞，香的往里吸，臭的用手蒙。(谜语：鼻子)

四、上一片，下一片，一张一合会发言。(谜底：嘴巴)

五、左一片，右一片，隔座大山不相见。(谜底：耳朵)

四、粗心小熊尿裤子

重点领域：健康

设 计 意 图

初入园的幼儿，时常会出现小便湿裤的现象。究其原因，一是在玩耍中比较投入、兴奋，忘了及时上厕所；二是还没有习惯幼儿园的生活，缺乏主动上厕所的意识。针对这种情况，教师通过讲述故事、观看画面、熟悉环境、实地指导等活动环节，帮助幼儿建立主动上厕所的意识，学会独立上厕所，提高生活自理的能力。

活 动 目 标

1. 乐意自理小便，形成好习惯。
2. 知道应该适时上厕所，不憋尿。
3. 掌握上厕所应注意的事项，能独立上厕所。

活 动 准 备

1. 知识经验准备：在平时生活中有意识地自己解决小便。
2. 物质材料准备：PPT。

活 动 过 程

1. 故事导入，吸引注意。

(1)教师给幼儿讲述《小熊尿湿裤子了》(见"活动资源")的故事。

师：小熊为什么会尿湿裤子？

(2)教师小结。让幼儿知道自己一旦有大小便的需求时，要及时大胆地告诉老师，不要憋尿。

2. 观看PPT，熟悉环境。

(1)请幼儿观察PPT图片，知道厕所的环境。

师：厕所有很多有趣的标志，我们一起来看看吧。

(2)引导幼儿看清男女厕所的标志，上厕所的路线，上厕所的小脚印。

3. 实地指导，学习如厕。

(1)教师分别带领男、女幼儿查看本班厕所，熟悉厕所的情况，并引导幼儿分清大便池和小便池。

(2)指导男孩如何上厕所。

①结合厕所墙上男孩自理大小便的示意图，讲解大小便的方法(提示幼儿立式小便池和蹲便池的不同使用方法)。

②告诉男孩便前怎样解脱裤子，小便时怎样才能不尿脏裤子，便后怎样整理衣裤。

③提示幼儿便后一定要洗手。

(3)指导女孩如何上厕所。

①结合厕所墙上女孩自理大小便的示意图，讲解大小便的方法。

②告诉女孩便前怎样解脱裤子，小便时怎样才不尿脏裤子，便后怎样整理衣裤。

③强调女孩不论是大便还是小便，解完之后都要用卫生纸把小屁屁擦干净。

④提示幼儿便后一定要洗手。

家园合作：在与家长沟通时，请家长配合训练幼儿解开裤带、褪下裤子、穿好裤子的技能，使幼儿逐步提高大小便的自理能力。

小熊尿湿裤子了(故事)

小熊是一个乖宝宝。平时在幼儿园里，如果没有人理他，他可以一个人闷不吭声地坐在一边。但是只要有小伙伴邀他，他也愿意和大家一起玩一会儿。

这一天，他正和几个小伙伴一起做游戏，忽然感觉要解小便了。他向老师走去，准备报告老师，可是他看见老师正忙着给大家分果果，他不敢吱声就走回来了。

过了一会儿，他觉得实在憋不住了，就独自快步走进厕所里。可是，他的裤带一时解不开，急得他满头大汗，哇哇哭起来了。这一哭不打紧，一下把裤子尿湿了。

五、我的标记好朋友

重点领域：健康

在幼儿园里，每个幼儿都有自己的洗漱用品和餐具，可是其中免不了两件东西是一样的，有的幼儿可能会拿错，这样就会引起幼儿之间的纷争，而且很不卫生。教师通过"讲故事""找朋友""贴标记"的环节，让幼儿记住自己喜欢的用具标记。这样既避免了不必要的矛盾，又培养了卫生习惯，还提高了生活自理能力。

活动目标

1. 乐意认识标记，使用标记。
2. 知道要使用自己的洗漱用品和餐具。
3. 能选择和记住自己的用具的标记，并根据标记取放用具。

活动准备

物质材料准备：各种形象生动的动物、果蔬和其他图案的不干胶贴各 3 个、毛巾架、杯碗等。

1. 故事导入，引入主题。

教师讲述故事《这是我的》(见"活动资源")。

师："英英感冒了，为什么强强也感冒了?"通过教师的提问，幼儿知道要使用自己的洗漱用品和餐具，否则容易生病。

2. 认识标记。

教师提问：怎样记住自己的毛巾、水杯、饭碗这些用具呢? 通过提问让幼儿讨论，想办法，引导幼儿与标记做朋友。教师出示不同的动物、果蔬或其他图案的不干胶贴，让幼儿从中选择自己喜欢的图片作为自己的标记，并引导幼儿说一说"我的标记是××，××是我的好朋友"。

3. 教师帮助幼儿贴标记，让幼儿记住自己的标记，并按标记取放自己的用具。

组织幼儿选取三张自己喜欢的标记，第一张粘在这个幼儿毛巾架上挂毛巾的地方，第二张粘在这个幼儿杯碗架上放水杯和饭碗的地方，第三张粘在这个幼儿的胸前。这个幼儿可以按自己胸前的标记在毛巾架或杯碗架上找到自己的用具。

4. 教师组织幼儿进行游戏活动，引导幼儿按标记取放自己的用具。

(1)进行"找朋友"的游戏活动，让幼儿分别在毛巾架、杯碗架上粘着"好朋友"标记的地方，取下自己的毛巾、水杯和碗。

(2)进行"送用具回家"的游戏活动，让幼儿按标记分别把毛巾、水杯和碗送回"家"。

(3)在游戏活动中，教师对遇到困难的幼儿给予适度的帮助，让幼儿能尽快地熟悉按标记取放用具的方法。

引导幼儿给玩具和学具选择标记并粘在相应的地方，并按标记取放这些玩具和学具。

这是我的(故事)

强强和英英都是小班的小朋友，他们俩都有一条同样漂亮的小毛巾，两条毛巾颜色一样，图案也一样。一天午睡起后，强强从架上取下一条毛巾去洗脸。英英一看强强拿错毛巾了，连忙上前说："这是我的。"强强也说："这是我的。"两人争执不下。这时老师走过来，他们都说这条毛巾是自己的。老师从架上把另一条同样的毛巾取下来，让他们仔细辨认，强强才看清自己真的拿错了，不好意思地低下了头。

过了几天，英英因为感冒没上幼儿园。午睡起床后，强强又错拿了英英的毛巾洗脸。到了晚上，强强又咳嗽，又发烧，也感冒了。原来强强也感染了英英毛巾上的病毒，被传染生病了。

六、滑梯真好玩

重点领域：健康

设计意图

幼儿都喜欢玩滑梯，但由于年纪较小，安全意识不足，往往不会注意玩滑梯的安全，时有危险的事故发生。教师通过游戏情景活动，引导幼儿注意安全玩滑梯，初步培养幼儿的安全意识。

活动目标

1. 萌发自我保护意识，喜欢玩滑梯。
2. 知道保护自己的安全。
2. 能够注意安全地玩滑梯。

活动准备

1. 知识经验准备：幼儿有过玩滑梯的经验，知道玩滑梯的方法。
2. 物质材料准备：小兔、小狗头饰若干，照相机 1 部。

活动过程

1. 介绍游戏角色，激发幼儿的兴趣。

（1）出示小动物手偶，分配游戏角色。

师：小朋友，今天我们请了一个好朋友，和我们一起玩游戏。它是谁呢？

（2）教师出示兔子玩偶，并引出视频。

师：小朋友们好！我是兔宝宝，昨天妈妈带我去玩了世界上最好玩的滑梯，你们想看看吗？

2. 观看情景表演，介绍滑梯的玩法。

（1）教师播放兔宝宝玩滑梯的视频，组织幼儿观看。

师："兔宝宝"是怎样玩滑梯的？为什么要这样玩？这样对吗？

（2）教师介绍滑梯的正确玩法。

师：走到滑梯的楼梯跟前，双手扶着栏杆，一步一步走上去；到了滑梯顶平台，在滑梯前蹲下，先把两只小脚往前伸，搭在滑梯上面的前沿，屁股坐下来；然后两手扶着滑梯两栏板的上沿，两条腿并拢，再向前挪动屁股滑下来。

（3）教师结合儿歌。在幼儿交流讨论的基础上，讲解错误玩法可能会导致的危险。

师：假如不按正确的方法玩滑梯，将会出现怎样的后果？

①玩滑梯人多时要先排好队，一个跟着一个上去玩，不要拥挤和推拉，要不然会发生危险。

②在别人玩滑梯的时候，千万不要站在滑板前面，否则会被从滑板上滑下来的人冲撞，两个人都有受伤的危险。

3. 练习玩滑梯，学习安全玩滑梯的方法。

①引导幼儿，按儿歌提示的正确方法玩滑梯。

②教师按序进行练习玩滑梯。及时纠正幼儿不正确的方法，鼓励他们大胆、小心地玩滑梯。

区角活动：教师手拿照相机给每个幼儿照一张玩滑梯的照片，激励幼儿按正确的方法玩滑梯；然后用这些照片布置"我会玩滑梯"的墙饰，强化幼儿的安全意识。

玩滑梯（儿歌）

玩滑梯，真有趣，

注意安全要牢记。

手扶栏杆爬上去，

身子蹲下重心低；

两腿前伸坐下来，

手扶栏板滑到底。

七、多喝水有好处

重点领域：健康

设计意图

多喝水对幼儿的身体发展非常重要。喝水也是家长对幼儿在园最为关心的生活内容之一。在幼儿园里，有的幼儿由于只顾投入活动而忘了喝水，有的幼儿不愿意喝白开水，这样造成幼儿在园的喝水生理需求得不到满足。教师通过指导幼儿看图片，并进行情景表演，帮助幼儿认识喝水的重要性，培养幼儿主动喝水、健康喝水的习惯。

活动目标

1. 养成乐意喝白开水的习惯。
2. 了解一些正确喝水的常识。
3. 能够说出多喝白开水对身体有好处。

活动准备

1. 知识经验准备：家长向幼儿简单讲述喝水的好处，让幼儿对其有初步的了解。
2. 物质材料准备：PPT。

活动过程

1. 观看图片，师幼交流。

(1)教师给幼儿讲述《小树苗要喝水》的故事(见"活动资源")。

(2)结合故事依次出示几张"山坡上的小树苗"的图片。

2. 观察图片，懂得喝水的重要性。

(1)教师指引幼儿观察图片 1：太阳高挂空中，山坡上几棵小树苗的树枝低垂，树叶卷曲，一副无精打采的样子。

师：山坡上的这些小树苗是什么样子？为什么长成这个样子？

(2)教师指导幼儿观察图片2：太阳西下，一群小朋友在老师的带领下，端着小盆，提着小桶给山坡的小树苗浇水。

师：这些小朋友在干什么？他们为什么这么干？

(3)引导幼儿观察图片3：太阳落山了，晚霞染红了天边。山坡上的这些小树苗的树枝上伸，树叶舒展。一群小朋友在老师的带领下走下山坡。

师：山坡上这些小树苗现在是什么样子？

(4)教师小结，通过提问，引导幼儿知道小树苗喝了水就精神了，小朋友也要经常喝水，满足生理的需要，有助于健康成长。

3. 怎么喝水，我知道。

(1)观察第一组图，讨论"什么时候应该喝水"。引导幼儿记住"三喝一不喝"：天热之时要多喝水，起床之后适量喝水，活动之中随时喝水，睡觉之前不要喝水。

(2)观察第二组图，讨论"怎样卫生喝水"。引导幼儿要多喝白开水，少喝饮料，更不要喝生水。让幼儿知道，饮料里面糖分多，经常喝饮料会得龋齿；生水里面有细菌，喝了会拉肚子，影响身体健康。

4. 带小朋友去喝水。

师：上了一节课，小朋友们都渴了吧！现在我们一起去喝水啦。

生活活动：为幼儿提供适度的温水，保证幼儿在园充足的饮水量。

家园共育：与家长沟通，介绍健康的饮水常识，请家长劝导幼儿在家尽量少喝饮料。

小树苗要喝水（故事）

火辣辣的太阳高高挂在空中，炙烤着大地。那些刚栽的小树苗无精打采地站在山坡上，树枝低垂着，树叶蔫了，仿佛得了重病的人，随时可能倒在地上。当人们走上山坡时，似乎听见了这些小树苗在低声呻吟："渴，渴，我要喝水……"

傍晚，太阳快要落山了，一个老师带着一群小朋友来到山坡，他们手里端着小盆，提着小桶，盆里、桶里盛着清亮的水。他们一边唱着歌，一边把水浇在小树苗下。水浸入了土里，小树苗欣喜地喝着，尽情地喝着。浇完水，小朋友在山坡上玩耍、游戏。过了一段时间，那些小树苗渐渐来了精神，树枝向上伸出来了，树叶舒展开了。一阵晚风吹来，那些小树苗随风摇摆，发出沙沙的声音，好像对小朋友们说："谢谢，谢谢！"

太阳落山下，老师带着小朋友们披着晚霞，唱着歌儿向家里走去。

八、我会漱口啦

重点领域：健康

设计意图

幼儿在进餐和吃点心后，口中唇齿间难免留有食物残渣，需要及时地清洁口腔，漱口就是一种方便快捷的清洁口腔的方法。可是，有的幼儿不愿意漱口，有的幼儿不会漱口。为了保证幼儿的口腔清洁和牙齿健康，教师利用生活环节，抓住饭后时机进行教育，激发幼儿清洁口腔的愿望，学习漱口的方法，督导幼儿逐步形成良好的卫生习惯。

活动目标

1. 吃完东西愿意漱口，养成良好的习惯。
2. 了解吃完东西漱口的必要性。
3. 掌握正确的漱口方法。

活动准备

1. 知识经验准备：幼儿在家有过漱口的经验。
2. 物质材料准备：小口杯若干(每个幼儿 1 个)。

活动过程

1. 故事导入，引入活动。

(1)教师讲述《美美和丽丽》的故事(见"活动资源")，并结合故事提出问题。

师：丽丽的牙齿为什么被蛀出了一个黑洞？丽丽的牙齿后来为什么变白了？

(2)教师小结：如果经常吃东西后不漱口，留在唇齿间的食物残渣会损害牙齿健康。

2. 互相观察，发现问题。

(1)请幼儿互相观察对方的口腔和牙齿，引导幼儿发现各人唇齿之间的食物残渣会影响牙齿的美观。

(2)引导幼儿说出食物残渣留在口腔里不舒服的感觉，告诉幼儿漱口后就会感到口腔清爽。

3.学习漱口，掌握方法。

(1)教师示范诵读《漱口》(见"活动资源")的儿歌，讲解儿歌的内容，提示幼儿这首儿歌告诉了我们漱口的方法。

(2)教师根据儿歌，示范、讲解漱口的方法。

(3)引导幼儿对比说一说漱口前后的感觉，进一步理解吃东西后漱口的必要性。

4.交流讨论。

(1)教师请幼儿说一说什么时候应该漱口。

(2)在幼儿交流表述的基础上，教师归纳：吃完饭后要漱口，吃了甜食要漱口，睡觉之前要漱口，起床之后要漱口。漱口是我们日常的卫生行为。

生活活动：平时在幼儿吃饭和吃甜食后、睡觉前和起床后，督导个别不主动漱口的幼儿漱口，帮助幼儿逐步形成良好的卫生习惯。

美美和丽丽(故事)

美美和丽丽是一对双胞胎，她们长得可漂亮啦！可是她们俩的牙齿都不一样。美美的牙齿，又白又齐，而丽丽的牙齿却又黑又稀。这是什么原因呢？

原来每次吃完饭后，美美都用小杯子接半杯温水，站在水池边含在嘴里，仰起头，闭上嘴，让水在嘴里"咕噜咕噜"转起来，把牙齿刷洗干净，然后"呸"地一下把水吐到水池里，一直把杯子里的水漱完才擦干小嘴。这样，把嘴里的残渣都冲掉了，牙齿可干净了！而丽丽呢，每次吃完饭放下碗，就一溜烟跑去玩了，总是不漱口，嘴里总是留有食物的残渣。细菌坏蛋知道丽丽有不漱口的坏习惯，可高兴了。它偷偷溜到丽丽牙缝里吃那些残渣，还把丽丽的牙齿蛀了一个黑洞，痛得丽丽哇哇大叫。

妈妈带丽丽到医院去，医生检查了丽丽的牙齿，对丽丽说："看，你不喜欢漱口，给了细菌坏蛋捣乱的机会。"医生用一个小钻头伸进丽丽牙齿的黑洞里，把细菌坏蛋消灭了，接着在黑洞里涂上了药，把黑洞修补好了。从此以后，丽丽知道漱口可以保护牙齿的健康，就坚持饭后漱口，她的牙齿渐渐地也变白了。

漱口(儿歌)

含上一口温开水，

仰起头来闭上嘴。

"咕噜咕噜"涮起来，

"呸"地一下吐出水。

九、生病了怎么办

重点领域：健康

设计意图

有的幼儿生病了不愿意上医院，怕打针、吃药。教师通过讲故事，使幼儿知道生病了要上医院看病，打针、吃药，才有利于早日恢复健康，使幼儿逐步做到打针不怕疼、吃药不怕苦。另外，让幼儿知道有时候没有生病也需要打针，是为了防止生大病而进行预防接种。这样，帮助幼儿消除对打针、吃药的恐惧心理，积极配合医生治病和防病。

活动目标

1. 不怕打针，乐意接受打针。
2. 知道打针有利于身体健康。
3. 掌握打针的流程。

活动准备

1. 知识经验准备：爸爸，妈妈向幼儿讲述他们小时候生病治病的经历。
2. 物质材料准备：适合幼儿穿戴的小白大褂和白帽子、药袋、吊瓶、玩具注射器若干，（幼儿打针）PPT。

活动过程

1. 故事导入，激发兴趣。

（1）教师讲述故事《小鸭感冒了》（见"活动资源"），让幼儿知道生病了要赶快上医院，及时治病。

师：你们生病的时候是不是和小鸭一样感到难受？为什么小鸡的病好得快，而小鸭的病好得慢？

（2）教师小结。通过提问使幼儿知道生病了要及时到医院，请医生看病，否则病情会加重。

2. 教师引导幼儿说一说生病时的感受，讨论怎样才能少生病。

结合幼儿生活经验进行提问。

师：你生过病吗？是什么感受？怎么才能快速好呢？

3. 讲解打针的流程，帮助幼儿克服害怕打针的恐惧心理。

(1)见到医生先问好。

师：医生是很厉害的叔叔和阿姨，他们可以打败细菌，我们要和他们做朋友。

(2)讲解打针的流程。

(3)教师小结。告诉幼儿打针虽然有点疼，只要勇敢一些，疼一下就过去了，但是病却好得快。

4. 观察图片，我知道。

(1)教师引导幼儿观察PPT中小朋友打针、吃药时的表情和动作，指出谁做得好，谁做得不好。

(2)教师小结。应该向勇敢的小朋友学习，做到打针不怕疼、吃药不怕苦，做一个勇敢、健康的好孩子。

游戏活动：组织幼儿进行"情景游戏"，让幼儿穿戴白大褂和白帽子，模拟医生看病、病人打针吃药的情节。使幼儿既获得游戏的乐趣，又消除对打针、吃药的恐惧心理。

小鸭感冒了(故事)

星期天的早晨，小鹅来到小鸭家的窗前，对里面喊道："哎，小鸭，快出来玩呀！"这时，小鸭正躺在床上，轻声回答说："我，我，一点力气都没有，不想玩。"小鹅关心地说："哎呀，你是不是生病了？"小鸭说："没，没有，我才不会生病呢。"说着，小鸭连打了两个喷嚏。

听见小鸭打喷嚏，小鹅就走进小鸭屋里，说："哎呀，你感冒了。"小鸭下床来连声说："没有，没有，我没有生病。"小鹅说："你就是生病嘛，又不是老师批评，怎么那么怕呀？"这时小鸭侧过身子说："我才不怕生病哩。可是，可是，生病了不是要打针、吃药吗？""哈哈哈，"小鹅笑着说，"原来你是怕打针、吃药呀！"小鸭说："你不怕吗？那么长的一根针，扎进去疼死你。"小鹅耐心地说："打针是有点疼，吃药也有点苦，可是不打针、不吃药就不会好。而且呀，有些病还会传染周围的人。难道你就不怕爸爸妈妈也生病吗？"小鸭似乎明白了什么，说："病还会传染……哼，我知道了，肯定是小鸡害我的。昨天，他就是老想睡觉，今天我也这样了，小鸡真坏！"小鹅笑着说："哎，这可不是小鸡的错，他不知道生病会传染。天天在一起玩，谁都可能被传染。不过呀，偏偏找上你就是了。"听到这话，小鸭不高兴了："嗯，人家生病了，你还笑。"

　　这时，小鸡也来到小鸭的窗前喊道："小鸭，小鸭，快出来玩呀！"小鹅对着窗外说："小鸭生病了，快进来看看他吧。"小鸡走进屋问小鸭："你怎么生病了？"小鸭责怪地说："你还说呢，都是你害的。"小鸡不理解地"啊"了一声。小鹅在旁边说："也可以这样说吧。嗨，回头再慢慢告诉你。"小鸭看到小鸡很精神的样子，问道："咦，你不是也生病了吗？"小鸡回答说："哦，昨天晚上爸爸带我到医院打了一针，今天已经好了。""怎么样？"小鹅得意地说，"我说得没错吧。要是小鸡昨天不赶紧去看病，说不定今天还会躺在床上。"小鸡接着说："小鸭，赶快去看病吧，感冒是很难受的。"可是，小鸭还是不愿意上医院，小鹅和小鸡只好离开小鸭的家。

　　到了晚上，小鸭发烧了，感到浑身都疼，难受得"哎哟哎哟"地大哭起来。鸭妈妈一摸他的额头，感觉好烫好烫，于是抱着小鸭去了医院。小鸭打了针、吃了药，一连在家躺了几天才慢慢好起来。

十、蔬菜营养多

重点领域：健康

设 计 意 图

随着家庭生活条件的不断改善，我们所吃的食物更加丰富多样。在这些食物中，不少幼儿偏爱吃鸡、鸭、鱼、肉，不大喜欢吃蔬菜，导致营养不够均衡，影响身体健康。教师通过"讲故事""猜谜语""看画页"等环节，让幼儿知道多吃蔬菜有益于身体健康，改掉挑食、偏食的毛病。

活 动 目 标

1. 喜欢吃各种蔬菜，不挑食、不偏食。
2. 认识常见的蔬菜，知道蔬菜是有营养的食物。
3. 能根据谜语猜出蔬菜。

活 动 准 备

1. 知识经验准备：了解各种各样的蔬菜。
2. 物质材料准备：准备各种蔬菜 PPT。

活 动 过 程

1. 讲故事，导入活动内容。

(1)教师讲述故事《海船上的怪病》(见"活动资源")。

师：这些船员为什么会得病？究竟得的是什么病？又是什么东西让那位快要死去的船员起死回生呢？

(2)教师小结。

师：这些船员因为后来没有蔬菜吃而得病，原来人在生长和发育过程中需要一种叫维生素 C 的物质，长期缺少维生素 C 就会生病。让幼儿知道蔬菜和水果含有人体需要的营养。

2. 看 PPT，比一比。

（1）教师请幼儿观察 PPT 图片，对比两个小朋友的样子，就下面的问题互相交流自己的看法：

①左边的小朋友为什么长得那么瘦弱，他平时喜欢吃哪些食物？

②右边的小朋友为什么长得那么健壮，他平时喜欢吃哪些食物？

（2）教师小结：左边的小朋友平时最爱吃鱼吃肉，就是不爱吃蔬菜。就因为他挑食、偏食，所以营养不全面，长得瘦小。右边的小朋友平时除了吃适量的鱼肉外，还特别喜欢吃新鲜的蔬菜，就因为他不挑食、不偏食，所以营养全面，长得健壮，非常健康。

3. 猜谜语，认识蔬菜。

（1）教师出示谜语，引导小朋友认识。

①叶子绿油油，梗子白溜溜；可口又营养，总也吃不够。（蔬菜：白菜）

②圆圆脸儿像苹果，又酸又甜营养多，既能做菜吃，又能当水果。（蔬菜：西红柿）

③个子瘦又长，生熟都能尝，身穿绿衣服，偏偏又姓黄。（蔬菜：黄瓜）

（2）教师小结。还有很多蔬菜和水果，我们都应该多吃一些，因为它们含有人体需要的营养。

家园合作：与幼儿家长沟通，宣传幼儿多吃蔬菜和水果的好处，请家长在家也注意营养配餐，创造适合幼儿的膳食条件。

海船上的怪病（故事）

很久以前，有一艘海船在海洋上进行长途远航。在出发之前，船员们准备了大批的粮食和鱼肉，还有一些蔬菜和水果。海船在大海里航行了好多天，一直没有靠岸。不久，船上的蔬菜和水果都吃完了，只剩下粮食和鱼肉。又过了好多天，一些船员得了一种奇怪的病，他们的牙床又红又肿，周身关节疼痛厉害，每天都有人死去，船员们只好把死去的人扔进海里。有一天，海船靠近了一个小岛，船员们把一个快要死的人送到这座岛上，让他在那里等死。海船离开了这个小岛，这个要死的人又渴又饿，就拿地上长的绿色植物充饥解渴。没过几天，他的病竟然完全好了。

十一、开火车

重点领域：健康

设 计 意 图

引导幼儿开展体育活动是健康教学的一项重要内容。教师通过创设"开火车"的游戏情景，激发幼儿参与体育活动的积极性，训练幼儿碎步行走的平衡能力、协调能力，激发幼儿在集体活动中的团结协作的精神。

活 动 目 标

1. 体验团队合作带来的乐趣和成就感。
2. 理解指令做出相应的走步动作。
3. 提高走步动作的协调性和灵活性。

活 动 准 备

1. 知识经验准备：有玩过平衡类相关的游戏。
2. 物质材料准备：小喇叭、拱形门、彩带、平衡板，布置活动场地。

活 动 过 程

1. 活动导入，激发兴趣。

（1）教师出示小火车，吸引幼儿注意。

师：小朋友们，你们坐过火车吗？去了哪里？

（2）教师小结，引出游戏内容。

师：今天老师带领小朋友们一起玩坐火车的游戏。这列"火车"既要在平直的"轨道"上行驶，还要在拐弯的"轨道"上行驶，然后穿"隧道"，过"大桥"。

2. 观察活动场地。

（1）教师带领幼儿来到活动场地观察，请幼儿说一说活动场地中有哪些设置。

（2）在幼儿表述的基础上，教师介绍活动场地。

师：场地是长方形，靠近场地边沿的地方划有平行的双线，是"火车"行驶的"轨道"。两个用彩带拴接起来的拱形门，是"隧道"，平衡板就是过河的大桥。

3．讲解活动方法。

（1）教师是总指挥，向"火车"司机发出指令，指挥"火车"的快慢。

（2）第一个幼儿作为火车头的"司机"，听从调度。当教师发出"出发"的指令，他就吹响喇叭"呜——"然后慢慢起步。当教师发出"到站"的指令时，他再次吹响喇叭"呜——"然后渐行渐慢，直到停止。

（3）在"火车"出发开动后，后面的幼儿跟着起步，嘴里喊出"轰隆、轰隆"有节奏的声音，并随着节奏用屈肘的左手整齐地画圈，表示"车轮"在滚动行驶。

4．练习基本动作。

（1）教师指导小"司机"们练习几个基本动作：吹喇叭、拉汽笛、慢起步、拐弯、加速、减速、到站。

（2）教师指导全体幼儿练习搭肩、用屈肘的左手整齐地画圈、碎步走等动作。

5．进行游戏活动。

（1）教师用"出发""拐弯""穿隧道""过大桥""加速""减速""到站"等指令指挥"火车"行驶。同时运用动作和语言给幼儿以适当的提示和鼓励，使幼儿学会控制自己身体的平衡，并与同伴协调，做到互相配合，动作一致。

（2）游戏一遍后，可以更换"司机"重复游戏。

6．结束游戏活动。

（1）游戏结束后，教师带领幼儿自由散步，进行放松整理活动。

（2）教师引导幼儿说一说对游戏活动的感受，并给予幼儿鼓励性的评价。

游戏活动：扩展游戏情节。将幼儿分成两拨，组成两列"火车"对向行驶，两列火车相遇时，两个"司机"都吹喇叭以表示拉汽笛互相致意。

十二、能干的小手

重点领域：健康

小班的幼儿正处在自我认知、自我意识初步形成的阶段，幼儿时常对探究自己的身体产生兴趣。教师引导幼儿开展"能干的小手"活动，通过"认识手指"及"夸一夸我的小手"等环节，引导幼儿认识手，知道手能做许多事情，从而激发幼儿自己的事情自己做的愿望，同时初步形成自我保护的意识。

活动目标

1. 注意保护好自己的小手，不让它受到损伤。
2. 了解手的外形特征和构造。
3. 能用手做许多事情，逐步做到自己的事情自己做。

活动准备

1. 知识经验准备：初步认识自己的小手。
2. 物质材料准备：玩具、橡皮泥、图书、筷子和勺等。

活动过程

1. 音乐导入，激发兴趣。

(1)教师唱歌《能干的小手》(见"活动资源")，引起幼儿参与活动的兴趣。

师：今天老师给大家唱一首好听的儿歌，你们仔细听一听儿歌里有什么？

(2)教师小结，引出活动内容。

师：原来这是一首关于我们小手的儿歌。

2. 观察图片，认识手。

(1)教师指引幼儿观察PPT，认识手的构造。

让幼儿根据图示认识手指头，知道它们的名称(拇指、食指、中指、无名指和小指)。

(2)通过找手指的游戏活动，巩固幼儿对五个手指头的认识。

3. 夸一夸我的手。

(1)教师组织幼儿说一说自己的手能做一些什么事情。

(2)教师总结。

师：每个小朋友的手都很灵巧、能干，会做好多事情，那么以后凡是自己能做的事情要尽量自己做。另外，我们还要注意保护好自己的小手，不要让它受到损伤。

 活 动 延 伸

游戏活动：教师引导幼儿进行"能干的小手"情景表演。有的可以徒手进行表演，如端杯子喝水，拿笔写字画画，用手搓洗小手绢；有的可以借助实物进行表演，如手拿玩具玩，手捏橡皮泥，手翻书页看书，手拿筷子或勺吃饭等。

 活 动 资 源

能干的小手(儿歌)

我的小手真是好，
十个指头都灵巧。
自己的事情自己做，
妈妈夸我"好宝宝"。

十三、秋风吹落叶

重点领域：健康

设计意图

小班幼儿在做走和跑动作的转换时，需要控制身体的平衡进行协调。教师通过"秋风吹落叶"的情景组织幼儿进行走、跑的游戏活动，既丰富了幼儿对于秋天季节特征的感受和体验，又促进了幼儿身体动作能力、平衡协调能力的提高。

活动目标

1. 乐意参与游戏活动，体验游戏的快乐。
2. 了解秋天落叶飘舞的场景。
3. 能根据不同的信号，进行走跑交替动作。

活动准备

1. 知识经验准备：玩过关于走、跑的游戏活动。
2. 物质材料准备：风姐姐头饰1个、铃鼓1个、道具扫帚1把。

活动过程

1. 图片导入，激发兴趣。

(1)教师出示图片。

师：这是什么？你在哪里见过？在什么季节见过？

(2)教师小结。原来这是秋天的小树叶，今天秋风姐姐带着小树叶来和大家做游戏。

2. 创造情景氛围，进入角色表演。

(1)教师和幼儿一起回忆事先观察的"秋风吹落叶"的情景：秋风吹起，树会摇晃，树叶会被吹离树枝，随风飘荡。

（2）引导幼儿学习模仿树叶飘舞的动作：两手侧平举，用手腕带动小手上下扇动。

（3）教师扮演风姐姐，幼儿扮演树叶，再次练习树叶飘舞的动作。

3. 游戏活动，秋风吹。

（1）教师讲解游戏规则。

教师说："秋风开始吹来了。"幼儿一边伸开双臂，慢慢扇动小手，一边慢慢走，表现树叶轻盈飘落的样子。"大风来了。"幼儿一边加快走的频率，变换成跑的动作，一边加快小手扇动的速度，表现树叶随风飘舞的样子。"龙卷风来了。"幼儿一边转动身子，一边飞快地扇动小手，表现树叶被风吹得旋转翻舞的样子。"风变小了。"幼儿动作的速度逐渐由快而慢，表现树叶由翻舞变为飘荡的过程。"风停了。"幼儿蹲下，做出树叶飘落在地的各种动作。

（2）进行游戏活动。

师：游戏开始啦！小树叶准备好了吗？

4. 游戏结束，教师带领幼儿一起做放松身体的活动。

语言活动：引领幼儿学习儿歌《小树苗》（见"活动资源"），理解内容，建立成长意识。

小树苗（儿歌）

我是一棵小树苗，

风吹雨打长得高。

长大成才有本领，

再向祖国来报到。

十四、把小手洗干净

重点领域：健康

 **设 计 意 图**

　　吃饭前，老师提醒幼儿先去洗手再吃饭，有的幼儿看看自己的手，觉得并不脏，认为去洗手很麻烦。有的幼儿由于在家里这些小事情被家长包办代替惯了，因而自我服务意识欠缺，不知道怎样正确洗手。教师通过组织幼儿进行"听、看、说、做"的活动，调动幼儿的多种感官并获得认知，一是让幼儿懂得不讲卫生会生病；二是让幼儿知道有些东西看起来干净，实际上很脏；三是让幼儿掌握正确的洗手方法。

活 动 目 标

1. 愿意洗手，养成良好卫生习惯。
2. 知道正确洗手的方法。
3. 增强自我服务意识，能够正确地洗手。

活 动 准 备

1. 知识经验准备：在生活中有自己洗手的经验。
2. 物质材料准备：湿毛巾、PPT、玩具若干。

活 动 过 程

1. 故事导入，引出活动。

(1)教师给幼儿讲述《豆豆生病了》(见"活动资源")的故事。

师：豆豆为什么会生病？

(2)引导幼儿交流讨论，懂得洗手的重要性，知道不讲卫生会导致生病。

2. 操作观察我的小手。

(1)教师出示白毛巾，让幼儿用白色的湿毛巾擦拭自己认为干净的物品。

师：你们用这个白色的毛巾擦一擦吧！

（2）组织幼儿讨论，观察并发现毛巾颜色的变化。使幼儿意识到我们周围的东西虽然用眼睛看起来是干净的，实际上很脏，我们的小手摸了这些东西，也就不干净了，甚至会沾染上细菌。

3. 观察图片，说说什么时候需要洗手。

（1）引导幼儿观看图示，并讲述对图意的理解，从而知道什么时候应该洗手：

①通过观看图1，让幼儿知道"平时脏了要洗手"。

②通过观看图2，让幼儿知道"玩完玩具要洗手"。

③通过观看图3，让幼儿知道"吃饭之前要洗手"。

④通过观看图4，让幼儿知道"上完厕所要洗手"。

4. 学习洗手的方法。

（1）教师根据儿歌（见"活动资源"），示范讲解洗手的步骤和方法。

（2）教师带领幼儿一边念儿歌，一边按步骤和方法徒手练习洗手的动作。

（3）教师带领幼儿分组到水龙头前实地练习洗手，指导幼儿掌握洗手的步骤和方法。

豆豆生病了（故事）

豆豆是个活泼、爱动的孩子，每天从幼儿园放学回家，不像有些小朋友那样缠着家里的大人，他总是独自玩耍。可是他不大讲卫生，不管东西脏不脏，都要摆弄，把两只小手搞得可脏了。

有一个星期天，豆豆在外面玩耍之后回到家里，感到口渴了，他看见桌上盘子里有小西红柿，连手都不洗，一把抓起来就往嘴里塞。到了中午，妈妈做好了饭，喊豆豆来吃饭，豆豆听见了连忙从厕所里跑出来，手也没洗就坐下来吃饭。到了晚上，豆豆突然说自己肚子疼，而且接连几次上厕所拉肚子。这一下妈妈吓坏了，连忙抱着豆豆上医院。医生给豆豆做了仔细的检查，然后对豆豆说："小朋友，你得了急性肠炎，是不是玩完玩具没有洗手啊？"豆豆脸红了，不好意思地低下头。医生不仅给豆豆开了药，还要豆豆去打针。医生对豆豆说："以后不仅手脏的时候要洗手，玩完玩具后，上完厕所后，也要洗手，在吃东西之前更要洗手。因为小手上会有很多我们看不见的细菌，这些细菌吃到肚子里，就会使我们生病。所以我们应该勤洗手，做个讲卫生的好孩子，那样就不容易得病了。小朋友，记住了吗？"豆豆乖乖地点点头说："记住了，谢谢医生！"

洗手（儿歌）

卷起两袖口，

打开水龙头，

伸手冲一冲，

肥皂涂上手。
先搓手掌心，
再搓手背后，
手腕转一转，
再搓手指头。
小手冲干净，
关掉水龙头。
双手甩一甩，
毛巾擦干手。

十五、小青蛙

重点领域：健康

设计意图

小青蛙动作最突出的特征是"跳"。教师利用幼儿善于模仿的特点，让幼儿扮演青蛙，练习"向上跳"和"向前跳"的动作，增强腿部肌肉力量，训练弹跳能力及协调能力。

活动目标

1. 萌发保护青蛙的意识，知道青蛙是益虫。
2. 练习"向上跳"和"向前跳"的基本动作。
3. 能够参与游戏活动，发展"跳"的动作。

活动准备

1. 知识经验准备：幼儿父母提前向幼儿介绍小青蛙，使幼儿知道青蛙是益虫，并能像青蛙一样跳跃。
2. 物质材料准备：选择平坦的场地，在场地上用绿粉画出若干片荷叶，每片荷叶相互距离 25~30 厘米，青蛙头饰若干(与幼儿人数相同)。

活动过程

1. 教具导入，激发兴趣。
(1)出示青蛙教具，引出活动内容。
师：青蛙是什么样的？青蛙是怎么动的？青蛙是怎样叫的？青蛙是益虫还是害虫？
(2)教师给每个幼儿戴上青蛙头饰，扮演青蛙宝宝。
2. 我是一只小青蛙，参加游戏活动啦。
活动一：小青蛙捉害虫
(1)教师带领幼儿围着场地站一圈，教师站在圈的中心。

（2）教师讲解原地向上跳的要领：先双脚并拢蹲下屈膝，然后弓腿、踮脚、双臂上举，接着向上弹跳，同时两臂尽量由上往下压，再轻轻落下。

（3）创设游戏情景：青蛙是益虫，专门捉庄稼里的害虫。当发现头上有正飞过的害虫，它就往上一跳，用舌头卷住害虫吃掉。现在老师要把害虫放出来啦，每个青蛙宝宝头上都有害虫飞来飞去，请你们跳起来把害虫捉住吧。

活动二：青蛙跳荷叶

（1）教师带领幼儿到第一片落叶前列队站好。

（2）讲解向前跳的要领：先双脚并拢，蹲下屈膝，两臂向前平伸，然后引腿向前弹跳，同时两臂尽量向后甩，再轻轻落下。

（3）创设游戏情景：荷塘对岸的庄稼地里有许多害虫，青蛙宝宝要从荷叶上跳到对岸去捉害虫。

（4）幼儿排队依次从一片"荷叶"跳到前一片"荷叶"里，一边跳一边说："小青蛙，跳荷叶，跳跳跳，呱呱呱。"教师在旁观察，给予必要的指导。

3. 放松活动。

教师播放音乐带领幼儿进行腿部放松活动。

家园共育：回家让爸爸扮演害虫，小朋友扮演青蛙，通过玩青蛙抓害虫的游戏来练习跳跃。

小青蛙（儿歌）

小青蛙，本领大，

消灭害虫护庄稼。

往上跳，跳得高，

捉住害虫吃掉它。

十六、脚上的一对朋友

重点领域：健康

设计意图

　　鞋是幼儿每天都要亲密接触的物品。小班幼儿一般都知道穿鞋是保护自己小脚的较好方法，但由于他们年龄较小，对如何正确穿鞋的认知还比较少。教师通过"看图""体验""探讨""游戏"等环节，让幼儿知道要因时、因地穿相应的鞋，知道要穿与自己脚的大小相匹配的鞋，并且能区分一双鞋的正反，以适应自己的事情自己做的要求。

活动目标

　　1. 乐意自己穿鞋子，养成良好的习惯。
　　2. 知道要按季节、气候、场所穿不同的鞋，要按自己脚的大小穿合适的鞋。
　　3. 学习区分一双鞋的左右的方法。

活动准备

　　1. 知识经验准备：幼儿初步了解鞋子的左右之分。
　　2. 物质材料准备：不同种类鞋(皮鞋、布鞋、棉鞋、球鞋、旅游鞋、雨鞋、凉鞋、拖鞋……)的图片PPT，场景(春秋景、夏景、冬景、雨雪景、室内景)图片各1张，爸爸、妈妈、小朋友的鞋若干双、两双拟人化的鞋样图片(一双配对错误的是生气的表情、另一双配对正确的是高兴的表情)

活动过程

1. 图片导入，激发兴趣。

　　(1)教师出示各种不同鞋的图片，引导幼儿观察图片，让幼儿说出图片上的这些鞋的名称，知道鞋是我们脚的一对朋友。

　　(2)先后出示五幅场景图，引导幼儿分别说一说在这些不同的季节、气候和场合各应穿什么样的鞋，并说一说这样做的好处。

2. 教师让幼儿先试穿爸爸、妈妈的鞋，再穿自己的鞋。

(1)教师出示爸爸、妈妈和幼儿穿的鞋，提问：这三双鞋是谁穿的？它们有什么不同？通过提问让幼儿知道爸爸的鞋最大，妈妈的鞋比爸爸的鞋小，幼儿的鞋比妈妈的鞋更小；爸爸的鞋是平跟，质地比较硬，妈妈的鞋是高跟，质地也比较硬；幼儿的鞋是平跟，质地软和。

(2)让幼儿轮换试穿爸爸、妈妈的鞋，再穿自己的鞋，体验穿不同鞋子的感受。幼儿穿爸爸的鞋子走路，走路很慢，拖拖拉拉；穿妈妈的鞋子走路，重心不稳，摇摇晃晃；穿自己的鞋走路，行动自如，蹦蹦跳跳。通过这个体验活动，不仅提高了幼儿参与活动的兴趣。而且使幼儿知道一定要穿合脚的鞋子才舒服、方便。

3. 教师帮助幼儿学习区分一双鞋子正反(左右)的方法。

(1)先后出示两种拟人化鞋样，让幼儿对比进行观察。提问：这两双鞋样有什么不同？为什么不同？通过提问引导幼儿体会一双鞋配对摆放正了，穿起来就舒服；另一双鞋配对摆放反了，穿起来就别扭。

(2)引导幼儿讨论："怎样让我们脚的一对朋友高兴起来？""有什么办法判断一双鞋配对是正还是反？"提示幼儿主要看一双鞋并列放在一起是"碰头"还是"歪头"。让幼儿知道如果配对上了，一双鞋前面的部分就可以挨在一起，就像两个头相碰，如果配对反了，一双鞋前面的部分就分别向两边歪斜，就像两个头向两边偏歪。

(3)引领幼儿诵读儿歌《鞋子配对歌》(见"活动资源")，使幼儿记住鞋子配对的方法。

4. 教师与幼儿进行互动游戏，学习掌握区分一双鞋的正反和配对正确的方法。

(1)让幼儿把自己的鞋脱下来，然后把数双鞋混放在一起，请幼儿从中找出自己的那双鞋，并正确配对摆放在一起。

(2)让幼儿用手绢蒙住眼睛，教师把幼儿的一双鞋不规则地放在幼儿面前，请幼儿在看不见的情况下，摸索把自己的一双鞋正确配对摆放在一起。

生活活动：让幼儿尝试自己穿鞋，为学习系鞋带进行预习活动。

鞋子配对歌(儿歌)

一双鞋，好朋友，
两只小脚穿里头。
一双鞋，分左右，
区别正反办法有：
摆正碰头又拉手，
摆反撅嘴又歪头。

十七、我会系鞋带了

重点领域：健康

 **设计意图**

现在家长普遍重视孩子的智力开发，而忽视了孩子动作能力和生活自理能力的培养。针对这种倾向，幼儿园设计了一系列相关的生活活动，促使幼儿树立自我服务的意识，提高自理能力。教师通过组织幼儿听故事、动手练的活动，引导学习简单的系鞋带的技能，逐步做到自己的事情自己做。

活动目标

1. 乐意自己系鞋带，养成自己的事情自己做的良好习惯。
2. 知道系鞋带的正确方法。
3. 能够自己系鞋带。

活动准备

1. 知识经验准备：幼儿有过系鞋带的经验。
2. 物质材料准备：幼儿人手一根短丝带，幼儿穿有鞋带的鞋上幼儿园。

活动过程

1. 故事导入，引出活动。

(1)教师讲述《冬冬摔倒了》(见"活动资源")的故事，激发幼儿学习简单的生活技能的积极性。

师：冬冬为什么会摔倒？冬冬最后说了一句什么话？他为什么要这么说？

(2)教师通过提问引导幼儿讨论回答，让幼儿明确学习简单生活技能的重要性。

2. 出示蝴蝶结，激发幼儿的兴趣。

(1)教师出示两个漂亮的蝴蝶结。

师："这两个蝴蝶结漂亮吗?"

(2)教师示范系蝴蝶结的方法。

(3)发给每个幼儿一根丝带和一根木棍子(或一次性筷子),让幼儿跟着教师的示范动作学习在木棍上扎蝴蝶结。

(扎蝴蝶结的方法有多种,教师只提供其中一种幼儿最易学习的单蝴蝶结扎结方法),帮助幼儿记住步骤和要领:先将木棍放在丝带中间的上面,接着把木棍左右两段丝带交叉,将压在下面的一段丝带穿入洞中绕一下,手拿两段丝带拉紧,打结,系住木棍,一个漂亮的蝴蝶结就呈现出来了。)

在这个环节中,教师还可以引领幼儿诵读扎蝴蝶结的口诀歌(见"活动资源"),提示幼儿记住扎蝴蝶结的步骤和要领。

3. 教师引导幼儿进行迁移训练,学习系鞋带。

(1)教师示范系鞋带的方法,引导幼儿练习。

(2)请已学会系鞋带的幼儿进行表演,激发其他幼儿学习系鞋带的愿望。

(3)提醒幼儿一定要把鞋带上的蝴蝶结系紧,以免鞋带散开。

生活活动:设立自理训练区,投放丝带和可穿鞋的娃娃,让幼儿巩固练习系鞋带。

冬冬摔倒了(故事)

午睡起床的时候,就听见冬冬喊道:"老师,帮我系鞋带!"老师走过来对冬冬说:"其他小朋友都自己系鞋带,你怎么不自己系呢?"冬冬说:"我不会!"老师耐心地说:"好,我来教你,以后你就能自己系鞋带了。"冬冬不耐烦地说:"不,你现在帮我系,我以后再学。"眼看一下说不通冬冬,老师只好帮他把鞋带系好。

起床后,冬冬就和小伙伴一起玩沙,不一会,冬冬鞋子里落进了不少沙子,他觉得怪不舒服的,于是,他把鞋带解开,脱下鞋,把鞋里面的沙倒干净了。当他把鞋重新穿上后,正要喊老师帮他系鞋带,突然把嘴闭上了。他想,再把老师叫来,老师又要啰唆教他系鞋带了,也许还要批评他呢。想到这里,冬冬就自己把鞋带胡乱系了一下,又和小伙伴们一起玩"老鹰捉小鸡"的游戏了。

在游戏的过程中,冬冬左脚的鞋带不知什么时候散开了。这时,当"老鹰"的小朋友从右边向他追来,他连忙往左边一闪,右脚一下踩住了左脚散开的鞋带,人不由自主地摔倒在地上,左手的胳膊蹭破了一小块皮,还渗出了许多小血珠,冬冬哇哇大哭起来。老师连忙抱起冬冬往医务室跑。在医生给冬冬上了药后,冬冬含着眼泪对老师说:"我一定要学习自己系鞋带。"

扎蝴蝶结(口诀歌)

一对好兄弟，见面就交叉，
哥哥先钻洞，用力拉一下；
两个都弯腰，接着又交叉，
弟弟再钻洞，然后使劲拉；
最后整理好，蝴蝶形成啦！

十八、送小动物回家

重点领域：健康

 设 计 意 图

　　幼儿喜欢小动物，而且乐于跟小动物亲密接触。结合幼儿这一特性，教师设计"送小动物回家""给小动物送食物""给小动物送水"等游戏环节，训练幼儿定向跑步的动作，锻炼幼儿的腿部肌肉，提高幼儿的平衡协调能力。

活 动 目 标

　　1. 体验到帮助小动物回家的快乐和成就感，增强自信心和责任感。
　　2. 掌握往返跑的动作要领，提高奔跑的速度和身体的协调性。
　　3. 能够不断调整自己的奔跑姿势和速度，探索适合自己的往返跑方法。

活 动 准 备

　　1. 知识经验准备：幼儿的身体灵活性有初步的发展。
　　2. 物质材料准备：小狗、小猫、小兔和小鸭形象的布绒娃娃各 1 个，骨头、小鱼、胡萝卜、小虾图片各 1 张，塑料杯 4 个，拱形门 4 个，靠椅 4 把。

活 动 过 程

1. 教具导入，激发兴趣。

　　(1)出示小狗、小猫、小兔和小鸭的布绒娃娃。

　　师：这些小动物叫什么名字？它们喜欢吃什么东西？

　　(2)教师小结。师：小动物是我们的好朋友，今天我们和小动物一起做游戏。

2. 我是小动物，学习动作。

　　(1)教师带领幼儿一起做小动作模仿操，让幼儿模仿小狗快快跑、小猫轻轻跑、小兔蹦蹦跳跳、小鸭摇摆走的动作。

师：小动物是怎么动的呢？

(2)组织幼儿模仿小动物的动作。

3. 熟悉游戏活动场地，熟悉游戏玩法。

(1)教师介绍活动的场景设置。

师：场地四角各有一个拱形门，好比是小动物的家；每个拱形门里的椅子上都有小动物形象的图片，我们一看就知道这个拱形门是谁的家。场地中间有一个圆圈，是我们每个活动环节的起点和终点。

(2)教师介绍游戏活动的内容。

师：有三个游戏活动，每个活动由 4 个小朋友参加，在圆圈和小动物家之间往返跑。每个环节当老师拍响铃鼓，小朋友就抱着小动物的布绒娃娃(或拿着小动物的食物图片、水杯)跑到小动物家，放在靠椅上，及时往回跑到圆圈中，谁最先往老师身上拍一下，谁就是第一名。

4. 教师组织幼儿开展游戏活动。

第一个环节：师："这个小动物在外面玩找不到自己的家了，请小朋友分别把它们送回家。"

接着教师拍响铃鼓，第一批幼儿开始进行往返跑。

第二个环节：师："小动物回到家里肚子饿了，请小朋友分别给它们送食物。"接着教师拍响铃鼓，第二批幼儿开始往返跑。

第三个环节：师："小动物吃完食物要喝水，请小朋友分别给他们送水。"接着教师拍响铃鼓，第三批幼儿开始往返跑。

5. 教师进行游戏小结，并带领幼儿放慢节拍一起做伸臂、弯腰、踢腿等动作，结束游戏。

游戏活动：引导幼儿想一想还可以和小动物一起玩什么游戏？发掘幼儿的想象能力和表演能力。

十九、小人国和巨人国

重点领域：健康

设计意图

《幼儿园指导纲要》指出，要用幼儿感兴趣的方式发展他们的基本动作，提高动作的协调性、灵活性。本活动通过情境游戏"小人国和巨人国"，引导幼儿听信号向指定方向走跑交替，并增加了下蹲走、踮脚走的动作训练，以提高幼儿动作的协调性和灵活性。

活动目标

1. 体验参与体育游戏活动的快乐。
2. 练习伸臂跑、下蹲走、踮脚走等基本动作。
3. 能听信号灵活地变换动作，并保持动作的协调性。

活动准备

物质材料准备：选择宽敞、平坦的活动场地，歌曲《我变变变》，图示 PPT。

活动过程

1. 音乐导入，激发兴趣。

(1)教师播放歌曲《我变变变》(见"活动资源")，在音乐声中，带领幼儿列队走圆圈。

(2)教师运用跟唱法教幼儿唱会歌曲《我变变变》。

2. 学习动作，训练基本动作。

(1)练习伸臂跑的动作：鼓励幼儿根据图示自由做出飞机飞翔的动作，教师观察，发现动作比较准确的幼儿，就请他作示范表演，让其他幼儿跟着练习。教师提示幼儿在伸臂跑的过程中，两臂伸开不要上下扇动，否则就变成了小鸟飞行的姿态了，但是可以运用手臂调整身体的平衡。

（2）练习下蹲走的动作：鼓励幼儿根据图示自由模仿小矮人走路的动作（下蹲走），教师观察，发现动作比较准确的幼儿就请他作示范表演，让其他幼儿跟着练习。教师提示幼儿在下蹲走的时候，膝盖稍微弯曲，保持重心平衡，可以甩动手臂调整平衡。

（3）练习踮脚走的动作：鼓励幼儿根据图示自由模仿巨人走路的动作（踮脚走），教师观察，发现动作比较准确的幼儿，就请他作示范表演，让其他幼儿跟着练习。教师提示幼儿在踮脚走的时候，脚跟要抬离地面，保持重心平衡，可以甩动手臂调整平衡。

（4）教师带领幼儿一边跟着录音机唱歌曲《我变变变》，一边轮换练习伸臂跑、下蹲走、踮脚走的基本动作。

3. 游戏活动开始啦！

（1）教师讲述游戏情景：小朋友，你们都是一群小勇士。听说在深山老林里发现了小人国和巨人国，你们是一群小勇士，我们现在飞往这两个地方去探险吧！

（2）教师扮演机长，幼儿扮演小勇士，进行游戏。

①"机长"发令："小勇士们，大家准备好——飞机起飞。""小勇士"做开飞机状四散。

②机长突然蹲下发令："到达小人国上空，飞机降落。""小勇士"停下。

③机长发令："我们和小人国的朋友做游戏吧。""小勇士"四散做下蹲走。

④机长发令："飞机继续前进。"幼儿继续做开飞机状四散跑。

⑤机长发令："巨人国到了。""小勇士"停下。

4. 放松活动

探险游戏活动结束，"小勇士"跟着"机长"慢慢散步走，放松身体。

游戏活动：组织幼儿分组活动，让幼儿推选一个同伴当机长，继续进行游戏。

我变变变(歌词)
变变变，变变变，大家一起来变变变呀。
变变变，变变变，大家一起来变变变呀(伸臂跑)。
变变变，变变变，大家一起来变变变呀(下蹲走)。
变变变，变变变，大家一起来变变变呀(踮脚走)。

二十、安全上下楼梯

重点领域：健康

设计意图

楼梯是幼儿安全事故频发的场合。有些幼儿在上下楼梯的拥挤碰撞中摔倒在台阶上，被人踩伤，或者滚下楼梯摔伤。究其原因，大多为小班幼儿不懂上下楼梯的通行规则，不知道应该有序靠右上下楼梯。因此，对小班幼儿进行上下楼梯的安全教育显得尤为重要。

活动目标

1. 萌发安全上下楼梯的意识，学会保护自己。
2. 知道安全上下楼梯的方法。
3. 能遵守规则，有秩序地上下楼梯。

活动准备

1. 知识经验准备：幼儿有过自己上下楼梯的经验。
2. 物质材料准备：幼儿上下楼梯拥堵的视频 1 个。

活动过程

1. 视频导入，激发兴趣。

(1)教师播放幼儿上下楼梯拥堵的视频，请幼儿观看。

师：小朋友，看到视频上这样的情形，你估计会发生怎样的危险？

(2)在幼儿自由表述的基础上，教师归纳：如果上下两群人继续往上、往下走，势必有人会被撞倒在台阶上，遭人踩踏，或者滚下楼梯。总之受伤是避免不了的。

师：我们上下楼梯应该怎么做才能避免受伤呢？今天老师和小朋友一起讨论，商量出一个好办法来。

2. 实地观察。

（1）教师带幼儿仔细观察楼梯设施，引导幼儿发现楼梯设施的细节。

①引导幼儿观察楼梯的扶手。发现有两个扶手，高一点的扶手是大人用的，矮一点的是小朋友用的。我们上下楼梯的时候，如果靠右的正好是扶手，小朋友可以扶着矮扶手走；如果靠右的是墙面，没有扶手，小朋友可以扶着墙面走。

②引导幼儿观察楼梯的台阶。发现上下楼梯时台阶的右边有一对脚尖向上的脚印，这个脚印告诉小朋友，上楼梯的时候要靠右上行，下楼梯的时候也要靠右下行。这样就可以避免上下楼梯发生碰撞的现象，防止事故发生。

（2）引导幼儿观察大班、中班的哥哥姐姐们是怎样上下楼梯的。发现哥哥姐姐们无论是上楼还是下楼，一律靠右上行、下行，而且一个跟着一个，不推不挤，很有秩序。

3. 交流讨论。

（1）教师带领幼儿回班，一起回顾观察过程，师幼交谈：

①在楼梯上你发现了什么？（高矮两个扶手、上下楼梯的脚印标记）

②哥哥姐姐们是怎样上下楼梯的？（排队有秩序，一个跟着一个，手扶楼梯扶手或墙面，顺着上下楼梯的脚印标记，右边上、右边下）

（2）教师引导幼儿讨论：我们应该怎样安全上下楼梯？

在幼儿讨论的基础上，师幼共同小结：手扶楼梯扶手或墙面，按照上下楼梯的脚印标志上下楼梯，不推、不挤、不着急，排队一个跟着一个有秩序地走。

4. 诵读儿歌

（1）教师带领幼儿诵读儿歌《上下楼梯有秩序》（见"活动资源"），帮助幼儿记住上下楼梯的规则和方法。

（2）教师带领幼儿一边诵读儿歌，一边按规则有序地练习上下楼梯。

活 动 延 伸

引导幼儿认识以自身为中心的左右，在没有脚印标记的提示下，靠右边上下楼梯。

活 动 资 源

上下楼梯有秩序（儿歌）

小朋友，请注意，
上下楼梯有秩序。
你不推，我不挤，
前后相随不着急。
你靠右，我靠右，
抓稳扶手步步移。
守规则，保安全，
文明公民我做起。

二十一、我会过马路

重点领域：健康

设计意图

由于小班幼儿注意力集中的时间很短，活动内容不能过于繁杂，应简单明确。为此，根据幼儿在日常生活中经常会遇到的若干场景，教育幼儿不在马路上玩耍，要走人行道，过马路要走斑马线等交通规则，以增强幼儿的安全意识和自我保护的能力。

活动目标

1. 成初步的安全意识，提高自我保护的能力。
2. 学会走人行道，过马路要走斑马线。
3. 了解行人在马路上应该遵守的一些交通规则，不在马路上玩耍。

活动准备

1. 知识经验准备：幼儿有与成人一起外出的经验。
2. 物质材料准备：有关模拟游戏的情景创设，故事 PPT。

活动过程

1. 讲述故事，导入活动。

(1)教师出示 PPT，讲述《兔宝宝在马路上》的故事(见"活动资源")。

(2)教师结合故事提问。

师：兔宝宝在马路上出现了什么危险？兔宝宝要冲过马路的时候，兔妈妈是怎么做的？(幼儿根据故事内容回答问题)

2. 交流讨论，学会过马路。

(1)教师以"为什么不能在马路上玩耍"为话题，引导幼儿交流讨论。

①幼儿根据已有的经验和自己的理解各自发表看法。

②教师参与幼儿的讨论并作小结：马路是汽车行驶的道路，来来往往的汽车很多，而且速度很快。如果我们在马路上玩耍，很容易被汽车撞上，轻者被压断胳膊和腿，成为残疾人，重者会丧失生命，给全家人带来终生悔恨的痛苦。因此我们不能在马路上玩耍，行走也只能走在人行道上。

（2）引导幼儿交流讨论过马路的经验。

①教师组织幼儿讨论如何过马路。

师：你什么时候过马路？和谁一起过的？怎么过？

②教师小结。

马路上的斑马线是专门为行人过马路设置的。在斑马线附近面对司机和行人都各设置了红绿灯。当司机面对红灯时，就自觉刹车停下来，同时行人面对的绿灯亮起，行人可以安全地走过马路。小朋友通过斑马线过马路时，一定要跟着大人一起走，牵着大人的手过马路。但是，在行人面对的是红灯的时候，即使是在斑马线边上，也不能穿过马路哟，要耐心等待绿灯，否则也是很危险的。

3. 观察 PPT，判断对错。

教师请幼儿观察图片，判断图中小朋友在马路上的行为对错，并说明为什么，巩固已获的认知。

情景游戏：教师设置斑马线、红绿灯的情景，引导幼儿进行游戏演示。让幼儿知道：斑马线的红灯亮时要在马路边耐心等待，斑马线的绿灯亮时要尽快走过马路。

兔宝宝在马路上（故事）

今天是兔奶奶的生日，兔妈妈带兔宝宝去为她庆祝生日。临走的时候，兔宝宝还不忘把他喜欢的花皮球带上。

半路上，兔妈妈到副食店给奶奶买蛋糕，兔宝宝就在马路边一边拍球，一边等兔妈妈买东西出来。兔宝宝拍球的时候，一下拍歪了，花皮球向马路中间滚去。兔宝宝顾不得马路上一辆辆来往飞驰的汽车，一路跟着追过去。"吱——"好危险啊！一辆大卡车在兔宝宝面前紧急刹了车，兔宝宝差点被撞上了，吓得兔宝宝哇哇大哭起来。

兔妈妈刚买完东西，就听见兔宝宝的哭声。她出门看见熊熊司机正把兔宝宝抱到了人行道上，还帮兔宝宝捡回了花皮球。兔妈妈连忙对熊熊司机既道歉又道谢，然后一面给兔宝宝擦眼泪，一面对他说："马路上很危险，不能在马路上玩。万一真的被汽车撞上了，妈妈就没有宝宝了，那妈妈该是多么伤心啊!"

　　兔妈妈和兔宝宝继续往前走。没走多久，兔奶奶家就在马路对面了。兔宝宝兴奋地想冲过马路见兔奶奶，可是被兔妈妈一把拉住了。兔妈妈说："这样可不行，过马路要走斑马线哦，马路上的车太多，非常危险啊!"兔宝宝想了想，觉得妈妈的话很对，就乖乖地牵着妈妈的手走过斑马线，来到了兔奶奶的家。

二十二、大公鸡和"漏嘴巴"

重点领域：健康

　　进餐是小班幼儿一日生活中重要的教育环节。教师通过引导幼儿对故事《大公鸡和漏嘴巴》的理解及迁移，从而引发幼儿自己讨论"我们吃饭的时候应该怎样才能不做'漏嘴巴'"。这样不仅能帮助幼儿养成良好的进餐习惯、提高生活自理能力，更能让他们懂得珍惜粮食的道理。

活动目标

　　1. 乐意珍惜粮食，养成良好的进餐习惯。
　　2. 理解故事的内容，知道吃饭不要做"漏嘴巴"。
　　3. 掌握正确的进餐姿势和方法。

活动准备

　　1. 知识经验准备：幼儿在平时生活中能够自己吃饭。
　　2. 物质材料准备：故事 PPT，不良吃饭行为 PPT。

活动过程

　　1. 故事导入，引出活动。
　　(1) 教师出示 PPT，讲述故事《大公鸡和漏嘴巴》(见"活动资源")。
　　师：故事里有谁？大公鸡为什么要啄小弟弟？大公鸡后来为什么没有饭吃，只好吃虫子了？
　　(2) 教师小结，引出活动内容。
　　师：你们在家是如何吃饭的呢？

2. 说一说，我是如何吃饭的。

(1)教师提问：我们小朋友吃饭的时候怎样才能不做漏嘴巴？

师：吃饭的时候身体坐端正，小脚放桌下，左手扶碗，右手拿勺；不左顾右盼，注意力集中，一勺勺地将饭送进嘴里。

(2)教师请幼儿各自模仿正确进餐的姿势和动作，并互相观摩评价。

3. 看一看，学习吃饭的正确姿势。

教师请幼儿观察各图内容，引导幼儿讨论判断图中小朋友进餐行为的对错，并说明为什么。

观察图1：一个幼儿歪着身子扑在桌上吃饭。(错。吃饭的坐姿不端正，容易漏撒饭菜)

观察图2：一个幼儿端着碗一边走，一边吃饭。(错。端着碗走路吃饭，容易漏撒饭菜)

观察图3：一个幼儿一边看电视，一边吃饭。(错。吃饭时注意力不集中，容易漏撒饭菜)

观察图4：一个幼儿坐姿端正，左手扶碗，右手拿勺，小心地将饭送进嘴里。(对。)

4. 活动总结

(1)组织幼儿午餐，观察幼儿进餐的姿势。

(2)教师小结。

师：我们每天吃的饭菜，是农民伯伯辛辛苦苦劳动的成果，我们要格外珍惜。所以我们在吃饭的时候一定要保持正确的坐姿，专心进食，不漏撒饭菜。

区域活动：将正确的进餐方法用图示展示出来放入娃娃家，同时在活动区投放一些玩具餐具，指导幼儿在游戏中进一步掌握不做"漏嘴巴"的正确进餐方法。

日常活动：在日常进餐时观察幼儿是否做到坐姿端正、专心进食、不漏撒饭菜。

大公鸡和漏嘴巴(故事)

一只大公鸡在院子里走来走去，这里啄啄，那里啄啄，找不到虫子吃，急得咕咕直叫。小弟弟捧着饭碗，坐在院子里吃饭。他一边吃，一边瞧着花蝴蝶飞来飞去，饭粒撒了一身，撒了一地。

大公鸡看见了，可高兴啦！它连飞带跑地奔了过去，嘴里嚷着："好运气，好运气！今天碰到一个漏嘴巴的小弟弟。"

大公鸡跑到小弟弟身边，啄起地上的饭粒来，笃、笃、笃、笃，啄得可快呢。真好玩！小弟弟越看越高兴，连吃饭也忘了。

一会儿，大公鸡把撒在地上的饭粒吃光了。它还没吃饱呢。大公鸡抬起头来看了看，小弟弟的裤子上也有饭粒，就来啄小弟弟的裤子了。

小弟弟说："大公鸡，大公鸡，你怎么啄我呀！"

大公鸡说："小弟弟，小弟弟，我不是啄你，我是啄饭粒呀！"

一会儿，大公鸡把小弟弟撒在裤子上的饭粒吃光了，它还没吃饱呢。大公鸡抬起头来看了看，好口福，小弟弟的衣服上还有饭粒，就来啄小弟弟的衣服了。

小弟弟说："大公鸡，大公鸡，你怎么啄我呀！"

大公鸡说："小弟弟，小弟弟，谁啄你了，我是啄饭粒呀！"

一会儿，大公鸡把小弟弟撒在衣服上的饭粒也吃光了，它还没吃饱呢。大公鸡抬起头来看了看，好口福，小弟弟的嘴巴旁边黏着一粒饭，就来啄小弟弟的嘴巴。

小弟弟害怕了，端起饭碗就跑："大公鸡，大公鸡，别啄我，别啄我！"

大公鸡说："小弟弟，小弟弟，别跑，别跑。我不啄你，我不啄你，你嘴巴旁边有粒饭，让我吃了它！"

大公鸡张开翅膀，一跳，跳到小弟弟的肩膀上，朝着他嘴巴上的饭粒，笃地啄了一下。

小弟弟吓得哭了起来："奶奶来呀，奶奶来呀！"

大公鸡可高兴呢，高兴得唱起歌来：

小弟弟，漏嘴巴，饭粒儿，随便撒。他没吃饱饭，我可吃饱啦……

奶奶来了，小弟弟问奶奶："奶奶，奶奶，您给我瞧瞧，我的嘴巴漏吗？"

奶奶说："傻孩子，哪有漏嘴巴呀，是你吃饭的时候，东看看，西瞧瞧，把饭撒了。"

奶奶又给小弟弟盛了半碗饭，"快吃、快吃，可别再撒了"。

小弟弟端着饭碗吃饭。大公鸡又来了，它说："我还没吃饱呢。漏嘴巴，漏嘴巴，撒点饭粒让我吃呀！"

大公鸡等呀，等呀，怎么了？一粒饭也没吃到。哦，小弟弟这回吃饭可不东看看西瞧瞧了！

小弟弟把饭吃得干干净净，拿着空碗让大公鸡瞧了瞧，对它说："我是好弟弟，不是漏嘴巴。"

大公鸡没办法，耷拉着脑袋，只好去找虫子吃了。

二十三、丁丁的玩具柜

重点领域：健康

设计意图

随着幼儿年龄的增长和教育要求的不断提高，幼儿在日常生活中所接触和使用的玩具材料、学习生活用品也不断地增加和变化。此阶段进行"保持活动室整洁"和"物归原处"的教育，不仅能潜移默化地培养幼儿喜爱环境整洁的情感、整理物品的能力和物归原处的好习惯，也能为今后进一步开展"环境卫生"教育打下基础。

活动目标

1. 乐意收拾玩具，养成良好的习惯。
2. 学习收拾整理玩具和用具，使用后能归放原处。
3. 能将玩具进行简单的分类、整理。

活动准备

1. 知识经验准备：幼儿在家里经常自己收拾玩具。
2. 物质材料准备：(1)用旧玩具(木偶、娃娃等)改制、装饰成一个"爱开玩笑的小丑"供游戏使用。(2)创设一些活动区角(如：巧手区等)，为幼儿提供学习整理玩具和用具的环境与机会。

活动过程

1. 提问导入，引出活动。

(1)教师根据生活经验提问。

师：小朋友们，你们在家喜欢玩什么游戏啊？最喜欢的玩具是什么？你会整理玩具吗？

(2)教师小结。引出故事。

师：小朋友们，可真棒，知道自己整理玩具，有个小朋友叫丁丁，他有个玩具柜，里边有很多玩具。

2. 欣赏故事，引发对整理玩具的关注。

(1)教师出示PPT，讲述故事《丁丁的玩具柜》(见"活动资源")。

师：丁丁的玩具们浩浩荡荡地回家了，可是玩具们应该怎么摆放呢？这把丁丁给难住了，小朋友们来帮丁丁想想办法好吗？

(2)引导幼儿讨论，整理玩教具的方法。

3. 实践操作，学习分类整理。

(1)教师将幼儿分成两组，一组整理玩具柜，一组整理用具柜。

(2)教师指导两组幼儿分别把不同的玩具、用具放在纸上，按住后沿着四周的轮廓画下来(过大的物品轮廓按比例缩小)，剪成图标卡片，用胶纸粘贴在各橱柜相应的部位。然后将不同的玩具、用具按照图标的位置摆放，做到物归原处。

4. 合作游戏：爱开玩笑的小丑。

(1)教师小结，引出游戏活动。

师：现在大家都学会了整理玩具柜和用具柜，对这两个柜子里的东西已经熟悉了。下面我们一起玩"爱开玩笑的小丑"的游戏，检验你们是不是对玩具柜和用具柜里的东西都已经熟悉了，能不能做到物归原处。

(2)开展游戏活动，教师观察。教师或一幼儿手持"爱开玩笑的小丑"，其余两组幼儿分别围在玩具柜、用具柜旁，仔细看清各种玩具和用具摆放的位置，然后闭上眼睛。操纵"小丑"者，乘机拿走一件玩具或用具，其余幼儿睁开眼睛后，看看、讲讲什么玩具不见了，原来摆在哪里，说对了，由他摆回原处。

家园共育：鼓励幼儿自己在家里主动收拾整理玩具和用具，保持环境的整洁。

丁丁的玩具柜(故事)

丁丁整天缠着妈妈买玩具，小飞机、小汽车、小火车、机器人、绒毛狗……什么都要。可丁丁从来不爱惜玩具，机器人断了一条腿，小熊缺了胳膊，飞机没了翅膀，汽车少了轮子……玩具们都垂头丧气地没了精神。一天，妈妈带着丁丁去外婆家玩。玩具们聚在一起商量开了。憨憨熊说："小主人不爱我们，我们走吧。""好啊，好啊!"玩具们都"哇哇"地叫起来。

玩具们找到它们的断腿、残臂、小轮子，还有飞机的翅膀……大家你扶着我，我拽着他，扛着这些断腿、残臂走出了丁丁的家。一路上，人们奇怪地看着这些缺胳膊少腿的玩具。人群中一位老爷爷说："来吧！来吧！到我的店里来，我会修好你们的。"玩具们就在老爷爷的店里住下了。

丁丁从外婆家回来，一进门，呀！怎么所有的玩具都没了，丁丁看到玩具们留下的字条："丁丁，你不爱我们，我们走了。"看完字条，丁丁就"哇哇"地哭起来了。

丁丁看着墙上的画，总让他想起会挤眉弄眼的胖胖猪，会"呱呱"叫的小青蛙，会摇头晃脑的机器人。尤其是晚上，丁丁总要抱着憨憨熊睡觉。今天，丁丁怎么也睡不着。

第二天，丁丁出去玩，路过老爷爷的小店，咦！憨憨熊在向他招手呢，胖胖猪也对着他笑。"这不是我的憨憨熊和胖胖猪吗？"玩具们说："是啊！老爷爷把我们修好了。"丁丁说："对不起，我以后再也不乱扔你们了，你们回来吧！我好想你们啊！"丁丁和玩具们谢过了老爷爷，浩浩荡荡地回家了。

二十四、小动物送信

重点领域：健康

设 计 意 图

　　幼儿天生就喜爱小动物，特别是小班幼儿，十分喜欢模仿小动物。教师从幼儿这一兴趣入手，以"模仿小动物"为主线，在"小动物送信"的情节中，鼓励幼儿扮演模仿小动物(跑、跳、走)。引导幼儿在游戏的过程中，能听信号向指定方向碎步走、爬、跑、跳，同时训练群体游戏活动的规则意识。

活 动 目 标

　　1. 乐意模仿小动物，快乐地参与游戏。
　　2. 知道在群体游戏活动中要遵循一定的规则。
　　3. 能听信号向指定方向跑、跳、走。

活 动 准 备

　　物质材料准备：

　　(1)分别画有桃子、香蕉、树叶和竹子的卡片(代替信封)若干(各为幼儿人数的四分之一)，小鸟、乌龟、小马和袋鼠的头饰若干(各为幼儿人数的四分之一)。

　　(2)场地布置：在场地的中间"田"字形摆放4个凳子，每个凳子的腿上分别贴上小猴、大象、长颈鹿和熊猫的画像(表示这几个动物的家)，凳子上各放1个塑料篮子(表示信箱)。

　　(3)在场地距离凳子10~15米的4个角落各画一条起点线。

活 动 过 程

1. 故事导入，激发兴趣。

　　(1)教师讲述《谁去送信》(见"活动资源")的故事，请幼儿欣赏。

师：小朋友，你们知道这四封信的收信人是谁吗？(引导幼儿猜出收信人分别是小猴、大象、长颈鹿和熊猫)你们愿意帮助动物投递员去送信吗？(愿意)

(2)教师小结，引出游戏。

师：好，我们就一起做"小动物送信"的游戏吧！

2. 情景游戏，学习动作。

(1)延续游戏情景。

师：小朋友，我们要帮小动物送信，一定要会做小动物行走的动作哟。现在我们一起练习一下吧！

(2)教师引导幼儿练习小鸟、乌龟、小马和袋鼠行走的动作。

①小鸟：两臂侧平举，模仿翅膀上下扇动，双脚走碎步。

②乌龟：手膝着地，交替向前爬行。

③小马：两手作拉缰绳的姿势，往前奔跑。

④袋鼠：两手放在胸前当作前腿，向前跳进。

3. 开展游戏活动。

(1)教师将幼儿分成四组，每组幼儿都有扮演小鸟、乌龟、小马和袋鼠的动物投递员，分别戴上相应的头饰。

(2)教师讲解游戏的玩法和规则：

①游戏的玩法：扮演动物投递员的小朋友站在起点线外等待老师发信号。比如老师说"小鸟准备"，各组派出一个扮演小鸟的小朋友就站在起点线上，老师说"出发"，小朋友就模仿小鸟飞的动作，看准方向，把信送到"小猴"家的"信箱"(塑料篮子)里，然后做同样的动作返回，看小朋友回到起点的先后决定名次。

②游戏的规则：小朋友一定要站在起点线出发；一定要听老师的信号行动；在"送信"往返途中一定要做相应动物的动作，如小鸟飞、乌龟爬、小马跑、袋鼠跳；一定要把信放进"信箱"里才能返回。

③教师变换信号进行游戏，看看哪个小组的幼儿做得好。

4. 结束活动。

(1)教师带领幼儿在场地上自由散步，以便放松身体。

(2)教师表扬反应灵敏的"小动物"，肯定大家能遵守规则进行游戏活动。

游戏活动：引导幼儿模仿其他动物行走的动作，如大象一步一步地走、企鹅摇摇摆摆地晃、蛇弯弯曲曲地溜等。

谁去送信（故事）

　　早上，动物邮政局的动物投递员都外出送信去了。不久，又收到外地寄来的四封信，可是这四封信都没有收信人的姓名，信封上只画了一个图画。第一封信上面画了一个桃子，第二封信上画了一个香蕉，第三封信上画了一片树叶，第四封信上画了一根竹子。

　　黑熊局长可发愁了，这四封信应该送给谁呢？机灵的小兔子拿过这四封信一看，想了想说：第一封信的收信人爱吃桃子，他就住在山上果林的树上；第二封信的收信人爱吃香蕉，他就住在小河对岸的丛林里；第三封信的收信人爱吃树叶，他就住在远处的森林里；第四封信的收信人爱吃竹子，他就住在水沟那边的竹林里。

　　黑熊局长一听，心里一下明白了。他决定第一封信让小鸟去送，小鸟会飞，可以飞到树上把信送给收信人；第二封信让乌龟去送，他会游泳，爬到河边游过河去，就可以把信送给收信人；第三封信让小马去送，他跑得快，可以及时把信送给收信人；第四封信就让袋鼠去送，他会蹦蹦跳跳，一下跳过水沟把信送给收信人。

　　可是，黑熊局长转而一想，又发愁了，他刚才说的那些动物投递员出去送信还没有回来，怎么办？小兔子又出了一个好主意，幼儿园的小朋友不是经常帮我们吗？这次再请他们帮帮忙，代替我们的动物投递员送信吧。黑熊局长一听，把大腿一拍，说："好！真是个好主意！"

中　　班

一、我们的身姿美

设计意图

　　本活动旨在引导幼儿懂得养成"坐、立、行、卧"的正确姿势，有利于健康成长，同时也表现了文明行为的精神风貌；促使幼儿注意训练自己的身姿美，远离畸形体态，为自己一生的发展打下坚实、良好的基础。

活动目标

　　1. 懂得养成"坐、立、行、卧"正确姿势的重要意义。
　　2. 理解俗语"坐如钟、立如松、行如风、卧如弓"的意思。
　　3. 掌握保持"坐、立、行、卧"正确姿势的动作要领。

活动准备

　　1. 知识经验准备：教师平时对幼儿的"坐、立、行、卧"有要求。教师日常观察并引导幼儿注意"坐、立、行、卧"的姿势。
　　2. 物质材料准备：图片1(美丽的人与驼背、歪肩、八字脚、罗圈腿的人)，图片2(正确的坐、立、走的姿势)，乒乓球若干，PPT。

活动过程

1. 音乐导入，激发幼儿兴趣。

　　(1)教师轻声播放《中国功夫》的背景音乐，出示"钟、松、风、弓"的图片，引起幼儿的兴趣。
　　(2)重点提问：小朋友，你们知道这些物品和我们的身姿有什么关系吗？
　　——有时候像"钟"，
　　　　有时候像"松"，
　　　　有时候像"风"，
　　　　有时候像"弓"。(幼儿自由猜测)

（3）教师讲解"坐如钟、立如松、行如风、卧如弓"的含义，并示范正确身姿。

"坐"——坐如钟，身子正；腿并拢，脚放平。

"立"——立如松，挺胸膛；抬起头，看前方。

"行"——行如风，脚步轻；头不摇，身不晃。

"卧"——卧如弓，右侧身；腿弯曲，心放松。

（4）教师以"为什么要保持正确的'坐、立、行、卧'的姿势"为话题，引导幼儿交流讨论。

（5）教师参与幼儿的讨论，并引导幼儿归纳：小朋友正处于迅速生长发育的阶段，骨骼的弹性强，柔软，很容易变形，因此在这一个时期注意保持健美的体型极为重要，除了要保证合理的营养外，还要保持正确的"坐、立、行、卧"的姿势。坐有坐相、站有站相、走有走样，睡有睡样。这样有利于自己的健康成长，同时也是一种文明行为的表现。如果不这样去做，易造成驼背、歪肩、八字脚、罗圈腿。

2. 看一看。

（1）教师请幼儿观看PPT，观察画面驼背、歪肩、八字脚、罗圈腿等畸形体态，引起幼儿对塑造正常、健康体型的高度重视。

（2）教师继续引导幼儿观察画面"坐、立、行、卧"的正确姿势。

（3）教师根据PPT图示，示范"坐、立、行、卧"的正确姿势。

3. 做一做。

（1）幼儿根据教师的示范演示，练习"坐、立、行、卧"的正确姿势。

（2）教师巡视指导，对姿势不正确的幼儿进行示范指导。

（3）教师请单项姿势做得标准的幼儿依次做示范，引导幼儿互帮互学。

4. 比一比。

（1）教师组织各组幼儿依次集体演示"坐、立、行、卧"的正确姿势，进行比赛，选出各组的"身姿最美宝宝"。

（2）一个小组的幼儿演示完后，请其他组的幼儿每人拿一个乒乓球给这个组的幼儿进行投票，看哪位小朋友获得的乒乓球最多，他就是这个组的"身姿最美宝宝"。

（3）教师轻声播放《中国功夫》的背景音乐，给各组"身姿最美宝宝"颁奖。

（4）教师总结演示比赛：小朋友通过练习和比赛，都知道了怎样保持正确的"坐、立、行、卧"的姿势，展示自己挺拔的身材，显示了自己的精神和风采。今后我们要时刻注意保持"坐、立、行、卧"的正确姿势，每个小朋友都成为"身姿最美宝宝"。

活动延伸

1. 家园共育：鼓励家长在日常生活中观察并及时纠正幼儿的身姿，与幼儿园形成教育合力。

2. 持续练习：在幼儿园日常活动中，不断提醒和引导幼儿保持正确的身姿。

二、讲究饮食卫生

设计意图

俗话说："病从口入。"这是人们在长期的日常生活中总结出来的道理。但是，幼儿由于认知表浅，并不完全懂得这个道理。他们不知道那些成千上万的、看不见摸不着的病菌早已潜伏在我们的身上和周围，时刻伺机通过我们的嘴巴进入我们的身体，引发各种病情，威胁我们的健康。为此，教师通过本活动引导幼儿真正明白"病从口入"的道理，萌发并增强卫生、健康意识，逐步培养良好的饮食卫生习惯。

活动目标

1. 积极参与有关饮食卫生的交流讨论活动，了解并养成基本的饮食卫生习惯。
2. 懂得"病从口入"的道理，并认识到健康饮食的重要性。
3. 培养幼儿良好的饮食卫生习惯。

活动准备

1. 知识经验准备：幼儿学习过有关细菌的知识经验，幼儿有吃坏肚子的生活经验。
2. 物质材料准备：PPT，女娃娃手偶1个，模拟食材(如水果、蔬菜、面包等)。

活动过程

1. 手偶表演，导入活动。

(1)教师出示一个女娃娃的手偶说：小朋友，这个手偶娃娃叫小红。她今天到我们班上来要给大家表演她自己的故事。我们一起来看她的表演吧！

(2)教师操纵手偶，模仿手偶娃娃的声音，表演《小红的肚子痛了》的故事(见"活动资源")。

(3)教师结合表演提问，请幼儿根据表演的内容回答问题：

①小红得了什么病？(痢疾)

②这种病是什么症状？(肚子痛，拉稀便)

③小红为什么会得这种病？（用脏手拿东西吃）

（4）教师小结：俗话说"病从口入"，我们一定要讲究饮食卫生，尽量避免生病。

2. 围绕话题，交流讨论。

（1）教师以"怎样讲究饮食卫生"为话题，引导幼儿交流讨论。

（2）幼儿根据已有的经验和自己的理解，各自发表看法。

（3）教师参与幼儿的讨论并引导幼儿进行小结：

①吃东西前要洗手，上厕所后要洗手。

②生吃的瓜果要洗干净，最好削皮吃。

③不吃过期的食品，腐烂的食品不要吃。

④路边小摊卖的食品不要吃。

⑤少喝饮料，不喝生水。

⑥冷、热食品不要混着吃。

3. 观看 PPT，判断对错。

教师请幼儿仔细观察 PPT 中的相关内容，判断各图中小朋友饮食行为的对错，巩固已获得的认知。

活动延伸

1. 鼓励幼儿在日常生活中互相督促，讲究饮食卫生。

2. 家园共育：教师和家长在日常生活中共同督促幼儿养成良好的饮食卫生习惯。

活动资源

小红的肚子痛了（故事）

夏日的阳光把社区花园晒得暖洋洋的，七岁的小红正和几个小伙伴在沙坑里堆城堡。她的羊角辫上沾着细沙，牛仔背带裤的口袋里塞着早上妈妈给的草莓软糖。

"我们来玩泥巴大战！"扎着冲天辫的男孩小明突然提议。孩子们欢呼着冲向花园角落的水龙头，把干涸的泥土搅成黏乎乎的泥浆。小红蹲在地上捏泥球时，忽然闻到一股甜香——邻居王奶奶正在长椅上分装刚烤好的杏仁饼干。

"小红！"妈妈举着湿巾从阳台探出头，"快回来洗……"话音未落，小红已经蹦跳着冲到长椅边，沾满泥巴的小手抓起饼干就往嘴里塞。杏仁碎的香气在舌尖绽开，她完全没注意指缝里黑乎乎的泥渍。

夜幕降临时，小腹传来一阵绞痛，正在看动画片的小红突然捂住嘴巴，淡黄色的呕吐物溅在地毯上。妈妈冲进来时，看见女儿蜷缩成虾米状，额头滚烫，嘴唇发白。

急诊室的荧光灯晃得人睁不开眼。戴着淡蓝色口罩的医生轻轻按压小红鼓胀的肚皮："吃了不干净的东西，肠道感染了。"输液管里的透明液体一滴一滴落下，小红昏沉沉地想起下午自己还舔过游乐场的铁栏杆，用沾着冰激凌的手抓过公共图书。

　　三天后，小红举着七步洗手法的彩图站在幼儿园晨会上。她特意把袖子卷到手肘，露出搓得发红的小胳膊："要像给手指戴泡泡手套那样认真搓哦！"台下的小朋友们跟着她比画，阳光透过窗户照在一排排泛起肥皂泡的小手上。

三、我会打求救电话

设计意图

现在的孩子在家中备受呵护，应对紧急情况的经验相对缺乏。为了让孩子们在父母不在身边时，能冷静、正确地处理突发事件，本书设计了"我会打求救电话"这一活动，旨在让孩子们在遇到危险时，知道如何拨打紧急电话(110、119、120)进行求救。

活动目标

1. 知道110、119、120等紧急电话的性质和用途。
2. 学会根据不同的紧急情况拨打相应的求救电话。
3. 能够用清晰、准确的语言描述求救事项。

活动准备

1. 知识经验准备：幼儿对常见的紧急情况有一定的了解。
2. 物质材料准备：PPT(包含各种紧急情况图片和紧急电话号码)，手机模拟器(用于模拟拨打紧急电话)，警车、消防车、救护车的警笛声音频。

活动过程

1. 听辨不同的警笛声，引出活动主题。

(1)教师依次播放警车、消防车、救护车的警笛声(重复数次)，请幼儿仔细听辨。

(2)教师提问：这是几种特殊汽车发出的警笛声，它们分别是哪几种汽车发出的警笛声？谁能模仿一下？(幼儿根据已有经验回答问题，并分别模仿警车、消防车和救护车发出的警笛声)

在幼儿回答问题、模仿声音的基础上，教师补充讲述：警车的警笛声非常紧急短促，有一种威慑力量；消防车的警笛声比较紧凑短促，但稍有尾音；救护车的警笛声稍慢、尾音较长。

2. 了解 110、119、120 不同的职责。

教师提问：这三种特殊汽车是人们拨打紧急电话后出来执行紧急任务的。那么这三个电话是什么号码？（110、119、120）它们各自的用途是什么？（幼儿根据已有经验和理解自由表述）在幼儿自由表述的基础上，教师补充讲解：

（1）110——及时处置居民生命财产安全受到威胁和正常生活遭遇意外时的求助事宜。

（2）119——及时处置发生火灾、化学药品和毒气泄漏危险以及发生其他危险事故时的求助事宜。

（3）120——及时处置居民医疗急救和配合 110、119、122（交通事故）紧急救援的求助事宜。

3. 讨论在怎样的紧急情况下拨打相应的紧急电话。

（1）教师提问：在遇到什么紧急情况时拨打 110？（幼儿自由交流讨论）

教师参与幼儿的讨论，然后根据幼儿可能面对的情形归纳讲述：

①在外面和爸爸妈妈分开走失的时候；

②家里出现停水、停气、断电的时候；

③家里发生门窗被撬遭遇盗窃的时候；

④发现有人溺水或坠楼的时候；

⑤发现有人进行违法活动的时候。

（2）教师提问：在遇到什么紧急情况时拨打 119？（幼儿自由交流讨论）

教师参与幼儿的讨论，然后根据幼儿可能面对的情形归纳讲述：

①自家或邻居家发生火灾的时候；

②发现自家或邻居家煤气管道漏气的时候；

③房屋发生坍塌事故不能自救的时候；

④发生其他危险事故不能自救的时候。

（3）教师提问：在遇到什么紧急情况时拨打 120？（幼儿自由交流讨论）

教师参与幼儿的讨论，然后根据幼儿可能面对的情形归纳讲述：

①自己突然生病，感觉非常难受，又没有家人护送去医院的时候；

②家里老人突发重病，不知如何处理的时候；

③发生交通事故造成人员伤亡的时候；

④发生其他事故造成人员伤亡的时候。

（4）教师引导幼儿延伸讨论：这些电话能不能随便拨打？（幼儿自由交流讨论）

教师参与幼儿的讨论，然后引导幼儿小结：这些紧急求救电话只有真正遇到危险时才能拨打。

（5）教师请幼儿观察 PPT 相关内容，根据图示内容判断，说出应该拨打什么紧急求助电话，并与相应的电话号码连线。

4. 进行拨打紧急求救电话的情景表演。

(1)教师设置下列情景:

①发现室外有人打架斗殴。

②发现家里煤气管道漏气。

③家里老人的心脏病突然发作。

(2)教师请幼儿两人自由组合,分别扮演求救者和警察、求救者和消防队员、求救者和医生,进行拨打紧急求救电话的情景表演,提示幼儿用简洁、明了、准确的语言提出求救要求,说明当时的情况和危险所发生的位置。

(3)幼儿表演完毕后,教师进行简单小结,并对幼儿给予积极的评价。

1. 请幼儿回家与家人一起讨论,了解更多关于紧急电话的知识。

2. 家长与幼儿一起模拟拨打紧急电话,提高幼儿的实际操作能力。

四、纸盘乐

设计意图

利用日常生活用品创新玩法，是幼儿非常喜欢的活动形式之一。一次性纸盘是价廉、环保的生活用品，用纸盘引导幼儿进行创造性的体育游戏活动，可以收到事半功倍的效果。教师鼓励幼儿在自由玩纸盘的活动中，开动脑筋，发挥想象，创造纸盘不同的玩法。在此基础上，教师经过整理、提炼，形成组合游戏方案，引导幼儿进行竞争性的游戏活动，既训练了幼儿的创造性思维，又锻炼了他们身体动作的敏捷性和协调性，还能培养他们的规则意识和竞争意识，并从中获得快乐。

活动目标

1. 鼓励幼儿发挥想象力，探索纸盘的不同玩法。
2. 感受游戏的快乐，锻炼幼儿的身体动作技能，如平衡、跳跃、投掷等。
3. 享受与同伴共同玩耍的时光，培养幼儿的规则意识、竞争意识和团队协作能力。

活动准备

1. 知识经验准备：幼儿有玩过飞盘类玩具的经验。
2. 物质材料准备：PPT，一次性大号纸盘(超市有卖)若干(幼儿每人1个)、沙包(幼儿自带)若干(幼儿每人1个)，画笔、颜料、胶水若干。

活动过程

1. 活动导入——有趣的纸盘。

(1)教师导语：孩子们，你们看，今天老师带来了什么？(一次性纸盘)我们一同和纸盘玩游戏吧！请大家开动脑筋，想一想纸盘可以怎么玩，待会要告诉大家哦！

(2)教师发给每个幼儿一个纸盘，让幼儿自由探索纸盘的玩法，鼓励幼儿发挥想象，互相合作探讨，创出与众不同的玩法。

(3)教师引导幼儿交流各自玩纸盘的方法，并用动作演示给大家看。

（4）教师请幼儿评价刚才演示的纸盘玩法，说一说自己喜欢哪种玩法，要讲出道理来。

2. 自由探索纸盘的不同玩法。

（1）教师对多数幼儿喜欢的纸盘玩法进行整理、提炼，演示给幼儿观赏，以激发幼儿的兴趣。

（2）教师示范讲解几种纸盘游戏的玩法。

（3）教师请幼儿按 PPT 图示，练习几种纸盘游戏的玩法（为组合游戏作准备）：顶盘走、走木桩、小兔跳、掷飞碟。

（4）幼儿分散练习，教师巡查指导，鼓励幼儿互教互学，掌握纸盘游戏的动作。

3. 好玩的纸盘游戏。

（1）教师布置两组组合游戏设置：先画一条起点线，靠近起点线将 6 个纸盘"一"字形与起点线垂直延伸摆开，每个纸盘间隔幼儿一步的距离，然后在离最远的一个纸盘 2 米的地方画一条终点线。（两组设置完全一样）

（2）教师示范讲解游戏方法和规则。

①游戏方法：全班小朋友分成人数相等的两个小组，分别在起点线排队站好。等老师一声哨响，各组第一个小朋友顶着纸盘（上面压一个沙包），按走木桩的方式走过 6 个纸盘，然后把沙包拿在手里，将纸盘夹在两只小腿之间，作"小兔跳"跳到终点。然后用掷飞碟的方式把纸盘扔回起点，本组任何一个小朋友接到后，下一个小朋友就可以出发，以此类推。最后一个小朋友完成游戏后，先用掷飞碟的方式把纸盘扔回起点，并且由本组小朋友接到手的小组获胜。

②游戏规则："走木桩"的时候，脚必须落在纸盘里；行进中途如果沙包和纸盘掉下来，要马上捡起重新顶在头上，才能继续游戏；做"小兔跳"的时候，纸盘如果掉下来，要捡起重新夹在两只小腿之间，继续游戏。

（3）幼儿按照教师示范讲解的要求进行游戏。如果幼儿兴致比较高，可以重复游戏一次。

4. 放松活动。

教师进行简单讲评后，带领幼儿自由走动，做放松身体的动作，然后结束活动。

1. 在美工区投放各种大小不一的纸盘、水粉颜料、胶水等，让幼儿自制漂亮纸盘。
2. 鼓励幼儿用自制的漂亮纸盘作为运动器械，创造更多新的玩法。

几种纸盘游戏的玩法

1. 开小车：双手握住纸盘，把纸盘当作小汽车的方向盘，模仿开小汽车进行碎步行走。

2. 抛纸盘：将纸盘垂直向空中抛去，在纸盘落下时，用双手接住纸盘。

3. 滚纸盘：将纸盘边沿对着地上，用手将纸盘对准目标向前滚去(要考虑纸盘是曲线滚动的)。

4. 丢沙包：将若干纸盘不规则地摆放在地上，在离最近的一个纸盘2米的地方画一条线，幼儿手拿沙包站在线外向任一纸盘上扔去，看谁能把沙包扔进纸盘里。

5. 顶盘走：将纸盘顶在头上，用沙包压住，两手打开，调整身体的平衡，向前走一段距离，看谁能够不让纸盘掉下来。

6. 走木桩：将若干纸盘呈"一"字形摆放在地上，互相间隔幼儿一步的距离，把纸盘当作木桩，脚踩纸盘走过去。

7. 障碍跳：将若干纸盘间隔一步的距离摆放在地上作为障碍，用单脚跳或双脚跳的方式，连续跳过纸盘。

8. 小兔跳：将纸盘夹到自己的两条小腿中间，双手做小兔子的耳朵，学着小兔的样子并腿向前跳进。

9. 掷飞碟：两人间隔一定距离相对站立，手拿纸盘当作飞碟，看准对方，在空中抛掷弧线，让纸盘像飞碟一样旋转飞向对方；对方接到纸盘以后，用同样的方式将纸盘抛掷回来。

五、玩火真危险

设计意图

　　幼儿的安全保障一直是幼儿园的首要工作，而火灾是对幼儿身体、生命威胁最严重的一个因素。比起成人来说，幼儿的运动能力和应对危险的能力大大不足，特别是对火的控制能力和防范能力极差，他们在事故发生时也特别容易受到伤害。因此，有必要让幼儿了解在日常生活中，有很多物品是极其容易着火的，知道在平时生活中不能随意玩火，从而增强防火意识，学会保护自己。

活 动 目 标

　　1. 感受火灾带来的严重危害，增强防火意识。

　　2. 了解日常生活中极易着火的一些物品，并知道如何避免火灾。

　　3. 学会识别"禁止烟火"和"禁止吸烟"的标志，并理解其重要性。

活 动 准 备

　　1. 知识经验准备：家长带幼儿寻找生活中有"禁止烟火"和"禁止吸烟"标志的地方，并了解这些标志的作用。

　　2. 物质材料准备：雷电引起的火灾和不安全用火造成的火灾视频各 1 个，打火机 1 个，树枝、报纸、布条、铁丝、白酒、食油、塑料袋、橡胶管、石块等物品各 1 件，"禁止烟火"和"禁止吸烟"标志牌各 1 块。

　　3. 安全准备：提前进行安全报备，做好安全防范；灭火器、灭火毯。

活 动 过 程

1. 提问导入——火的两面性讨论。

（1）提问：火对我们人来说有什么好处和坏处？

在幼儿回答问题的基础上，教师归纳：

①烹饪食物。在日常生活中，我们每天都要用火炒菜做饭。

②夜间照明。过去没有通电的时候，或者是在偏远的山区，夜晚人们都是用火点蜡烛、点油灯、烧火把照明。

③取暖御寒。过去没有通电的时候，或者是在偏远的山区，人们在冬天都使用柴火或炭火来取暖，抵御严寒。

④驱赶野兽。在靠着大山的乡村，时常有野兽下山偷吃庄稼，或偷袭家畜，人们就会利用野兽怕火的特点，点燃火把以驱赶野兽。

⑤冶炼发电。人们用火来冶炼金属，如炼铁、炼钢、炼铜等，还用火来发电。

(2)教师再次提问：火对我们人来说又有什么坏处？（幼儿自由回答）

在幼儿回答问题的基础上，教师归纳：雷电会引起火灾，我们不安全用火也会引起火灾，使我们的生命和财产遭受重大损失。

教师还可以播放雷电引起的火灾和不安全用火造成的火灾视频，使幼儿更直观感受火灾带来的严重危害以及给人们造成的巨大痛苦，从而明白不能玩火的道理。

2. 猜想：哪些物品容易着火？

(1)教师请幼儿观察 PPT 上的物品：树枝、报纸、布条、铁丝、白酒、食油、塑料袋、橡胶管、石块等。

(2)教师请幼儿猜想哪些物品容易烧着，哪些不容易烧着。

(3)实验：你的猜想对吗？

①教师示范小实验，引导幼儿了解哪些物品是易燃物品：用打火机逐一点燃这些物品，帮助幼儿验证先前的判断是否准确。（将点燃了的物品放到盆中的水里把火灭掉）

②教师请幼儿根据实验的结果对照原先的猜想，如果发现原来的判断有错，自己更正过来。

③教师引导根据实验结果进行发散思维，列举还有哪些东西是易燃物品。

④教师小结：在我们日常生活中，有很多东西容易着火，如果我们稍不注意，就会引发火灾，造成大祸。

3. 判断：PPT 画面上小朋友的行为对吗？

(1)教师导语：由于火具有很大的危险性，小朋友对火的控制能力又非常差，所以，千万不要玩火。可是有的小朋友还不懂得这个道理，老师想请你们看看这几个小朋友的行为对不对。

(2)教师请幼儿看 PPT，观察、判断各图中小朋友的行为的对错，并说出为什么。

①观察图1：一个小女孩玩打火机。

②观察图2：一个小女孩扭燃气灶的开关。

③观察图3：一个小男孩在草堆旁玩烟花。

④观察图4：一个小男孩将筷子伸进燃着的燃气灶里。

4. 讨论：这些标志应该贴在哪里？

(1)教师先后出示"禁止烟火"和"禁止吸烟"标志，请幼儿根据画面猜猜它们表达的意思，说一说哪些地方应该有这样的标志。

（2）教师依次出示加油站、学校、煤气站、商场、木材加工厂、仓库、医院、候机室等场景图片，请幼儿根据自己的判断，说出这些地方应该张贴什么标志。

1. 与附近消防部队联系，带幼儿去参观，进一步了解消防知识。

2. 组织幼儿进行防火演练，提高幼儿的应急反应能力和自救能力。

3. 鼓励幼儿与家长一起在家中查找并消除火灾隐患，共同营造安全的家庭环境。

六、宝宝爱洗澡

设计意图

《幼儿园指导纲要》指出："要教育幼儿讲卫生、爱清洁，与家长配合，培养幼儿良好生活习惯和生活自理能力。"如何引导幼儿讲究个人卫生，我们设计了本活动，引导幼儿萌发喜欢洗澡的情感，帮助幼儿学习洗澡的方法，从而培养幼儿良好的卫生生活习惯及生活自理能力。

活动目标

1. 认识到洗澡的重要性和好处，萌发喜欢洗澡的情绪。
2. 学会基本的洗澡方法和步骤，提高生活自理能力。
3. 体验参与洗澡游戏活动的快乐。

活动准备

1. 知识经验准备：幼儿有洗澡的经历。
2. 物质材料准备：歌曲《我爱洗澡》，毛巾、香皂若干(每个幼儿各 1 套)，PPT，模拟洗澡的场地(有淋浴喷头和浴盆)、绳子(用于悬挂毛巾)。

活动过程

1. 故事导入活动。

(1)教师出示 PPT，讲述故事《邋遢大王奇遇记》(见"活动资源")。

(2)教师提问，请幼儿根据故事内容回答问题：

①大家为什么叫菲菲邋遢大王？(因为菲菲不讲卫生，不爱洗澡，身上又脏又臭，所以大家叫他邋遢大王)

②邋遢大王为什么变得爱洗澡了？(因为菲菲做了一个梦，他梦见因为自己又脏又臭，被大老鼠捉去送给老鼠大王作礼物，永远要留在老鼠洞里，他后悔自己不爱洗澡，所以醒来后变得爱洗澡了)

2. 师生讨论——我爱洗澡。

教师与幼儿交谈：小朋友，你们爱洗澡吗？（幼儿自由表述）我们为什么要经常洗澡呢？（幼儿自由表述）

在幼儿自由表述的基础上，教师归纳：我们小朋友都爱洗澡，可不要学邋遢大王，等到大老鼠来捉他的时候才后悔。洗澡能把我们身上的脏东西和细菌都洗掉，可以让我们少生病，还可以把我们身上洗得香香的，让我们交到更多朋友，大家都喜欢讲卫生、爱清洁的小朋友，所以我们要勤洗澡哟。

3. 学习洗澡的步骤。

(1)教师导语：我们小朋友自己会洗澡吗？我们一起来学学吧。

(2)教师提问：我们洗澡需要用到哪些东西？（幼儿根据已有经验说出洗发水、香皂、毛巾、淋浴器等）

(3)教师请幼儿观察 PPT，引导幼儿观看图画内容。

教师提问：宝宝是怎样洗澡的，洗澡的顺序是怎样的？（先用水从头到脚将全身淋湿；再用洗发水洗头发，将头发冲洗干净后用毛巾把头发擦干；然后将全身擦上香皂，用毛巾来回地搓；最后用水将身上的肥皂水淋干净，用干毛巾把身上擦干）

(4)教师导语：小朋友真棒，观察得很仔细。今天老师给小朋友也准备了洗澡的用品(毛巾和香皂)，我们也来练习洗澡吧。

(5)教师发给幼儿人手一份毛巾和香皂，带领幼儿模拟洗澡的情形，按顺序练习洗澡。

(6)在练习过程中，幼儿能够自行操作洗身体前面的部分，但不知道怎样洗身体后面的部分。这是教师趁势提问：刚才我们只洗了前面的一部分，背上怎么办呢？（引导幼儿讨论，并用肢体语言进行表现）

(7)教师观察，发现幼儿想出不同的好办法，让想出办法的幼儿带领其他幼儿跟着学。

(8)教师示范用毛巾洗背部的动作，幼儿练习。

4. 表演游戏。

(1)教师播放音乐《我爱洗澡》。在前奏部分教师喊"宝宝们，洗澡啦"，然后教师带领幼儿跟随音乐有节奏地按洗澡顺序表演洗澡。

(2)教师观察幼儿的动作情况，引导幼儿跟着音乐有节奏地表演洗澡，及时表扬表现得逼真、有趣的幼儿。

(3)教师导语：宝宝们都洗干净了吗，我们也把我们的毛巾洗个澡吧。

(4)教师带领幼儿听音乐做洗毛巾的动作，然后带领幼儿把毛巾挂在绳子上，表演结束。

鼓励幼儿在家中与家长一起洗澡，并将所学到的洗澡方法运用到实际生活中。

邋遢大王奇遇记（故事）

一个小男孩外号叫"邋遢大王"。他不讲卫生，乱扔废物，脏东西也照吃不误。老鼠王国的密探尖嘴鼠看中了他，在橘子水里投下药丸，邋遢大王喝了以后，一下子变成与老鼠一般大的小人。他跟着尖嘴鼠来到老鼠王国。他不愿待在那里，几次逃跑，无奈老鼠王国兵将众多，最后还是被关了起来。

原来鼠王想要称霸地球，征服人类。小邋遢就是他们研究消灭人类的"秘密细菌"的实验品。小邋遢决心逃出监牢，把"秘密细菌"的事报告给地面上的人们。在善良的小白鼠的帮助下，他几经周折与磨难，终于找到了秘密地图。不料又一次被鼠王布下的埋伏捉住了，可怜的小白鼠也被推下了万丈深谷。

鼠国博士高兴地在邋遢大王身上做实验，由于忠实的小猫、小狗偷偷地把药品装进口袋，鼠国博士以失败告终。鼠王咆哮着要杀小邋遢，正巧鼠国公主即将出嫁。公主要利用邋遢大王的才能为自己操办像人间一样的婚事。小邋遢巧妙地用爆竹替代礼花，把老鼠王国炸塌了。他带着共患难的小猫、小狗回到了地面。

邋遢大王尝到了邋遢的苦果，从此再也不邋遢了。

七、有趣的海浪

设计意图

　　孩子们的游戏常常源自他们无限的想象。比如，一根普通的绳子，在孩子们的眼里就成了一根扬起的马鞭、一条扭动的长蛇、一排涌动的海浪。教师要善于捕捉幼儿的想象，从中发掘幼儿活动的内容。"有趣的海浪"就是借助幼儿的想象设计的一个体育游戏活动。教师以绳子为载体，引导幼儿发挥想象"同海浪游戏"，训练走、跑、追逐、踩踏等动作，让幼儿在协调配合中体验到体育游戏的快乐。

活动目标

　　1. 通过绳子模仿海浪的涌动，激发幼儿想象力。
　　2. 学习走、跑、追逐、踩踏等动作，提高身体的协调性和反应能力。
　　3. 喜欢参与体育活动，感受与小伙伴合作游戏的快乐。

活动准备

　　1. 知识经验准备：幼儿初步掌握了诗歌《浪花娃娃》的知识经验准备。
　　2. 物质材料准备：1 米左右长的绳子若干(每个幼儿 1 根)。

活动过程

1. 朗诵诗歌，激发兴趣。

　　(1)教师有表情地朗诵诗歌《浪花娃娃》(见"活动资源")，请幼儿欣赏。

　　(2)教师引导幼儿理解诗歌的内容：岸边有一座高大的礁石，形状像一个老爷爷。海浪卷起的浪花，像一个调皮却又懂事的小娃娃，时常扑向教师老爷爷。浪花卷得低，只能给礁石老爷爷冲冲脚；浪花卷得高，可以给礁石老爷爷洗洗脸。浪花打过来，就像给礁石爷爷捶捶背，揉揉肩。这首诗歌把礁石比作老爷爷，把浪花比作小娃娃，非常形象、生动；把浪花拍打礁石的情景，进行生活化的描写，使人觉得浪花可亲、可爱。

　　(3)教师带领幼儿朗诵诗歌，鼓励幼儿自由做动作表现诗歌的内容，同时活动身体。

教师导语：你们喜不喜欢浪花啊？（喜欢）今天我们就和"浪花"一起做游戏吧！

2. 教师示范，练习动作。

（1）教师讲述：我们今天游戏所用的器材主要是绳子，小朋友要发挥想象力，把绳子抖动得像海浪一样。

（2）教师示范讲解动作要领：右手拿住绳子的一端，左右摆动，注意摆动的幅度适中，让绳子在地上来回溜动，就像海浪的波纹。

（3）教师指定几个能力稍强的幼儿按照教师的示范讲解进行演示。

（4）教师发给每个幼儿一根绳子，请幼儿反复练习。教师巡查，对能力较弱的幼儿进行指导。

3. 合作游戏，体验快乐。

（1）教师结合 PPT 相关内容讲解游戏的玩法和要求。

（2）教师带领幼儿进行游戏，提醒幼儿要互相协作，并注意安全。

游戏一：抖浪

①幼儿分散在场地上，手拿一根短绳，把绳子拖在地上随意抖动，让绳子像海边的波浪一样，抖得越快，波纹越多。

②幼儿排成一队，一起抖动绳子，好像海浪拍打在沙滩上。

③幼儿排成四队，四队分别向前走、向后走，形成交替的形状，看上去就像海浪在涌动。

④两名幼儿一组，各持一根绳子，相对站立，一名幼儿边抖动绳子边后退，另一名幼儿边抖动绳子边向前走，两人来来回回，前前后后地边走边抖动绳子，好像水浪互相追逐。

游戏二：踏浪

①一组幼儿排成一横队，做海浪的水波，用绳子边抖动边后退，另一组幼儿为踏浪，双脚交替踏浪，踩踏到绳子后两个人交换角色。教师提示拿绳子的幼儿不要把绳子抖动得太高，以免踩绳子的幼儿摔倒。

②两名幼儿一组，一人抖动绳子变向跑，一人追赶，如果踩住了绳子，两人交换角色继续游戏。教师提醒拿绳子的幼儿手不要把绳子捏得太紧，如果绳子被踩住要赶快松手，以免追赶的幼儿踩住绳子后，自己被绳子带倒。

活动延伸

1. 在日常活动中，教师可以继续引导幼儿利用绳子进行其他创意体育游戏。

2. 鼓励幼儿与家长一起探索绳子的不同玩法。

浪花娃娃(诗歌)

你瞧，
礁石爷爷蹲在海滩上，
一定很累吧？
浪花娃娃真乖，
笑着跑过来，
给他轻轻捶背。

八、我会穿脱衣物

 设 计 意 图

　　由于幼儿的体温调节能力较差，并且好动、好玩，活动量大，活动时特别容易出汗。加上春、秋季节气温乍寒乍暖，早、午、晚温差大，气温不稳定，如不及时穿脱衣服，极易感冒生病(鉴于幼儿体温调节能力较弱，加之活泼好动，活动量大的特性，在气温多变的春、秋季节，若不及时穿脱衣服，容易引发感冒)。所以，有必要让幼儿学会自己根据身体冷热，及时穿脱衣服。一方面能保护幼儿的身体健康，另一方面还能培养幼儿的生活自理能力。

活 动 目 标

1. 理解身体的冷热与穿脱衣服的关系。
2. 明白及时穿脱衣服能预防感冒生病的重要性。
3. 能在活动中根据身体的冷热情况及时穿脱衣服，提高生活自理能力。

活 动 准 备

1. 知识经验准备：幼儿基本上都会自己穿脱衣服。幼儿初步掌握穿脱衣服的基本技能。
2. 物质材料准备：PPT，干、湿小毛巾若干条。记录表、幼儿成长栏标志贴纸。

 活 动 过 程

　　1. 情境导入，激发兴趣。讨论导入，帮助幼儿直观形象地理解为何要根据冷热及时穿脱衣服。

　　(1)教师请幼儿观看 PPT，并讲述画面表述的故事内容。

　　(2)教师根据画面内容提问：图片中小朋友为什么会生病？(幼儿根据自己的理解回答问题)

　　在幼儿回答问题的基础上，教师讲解：在运动的过程中，身体会发热出汗。如果在运动中始终还是穿平常那么多的衣服，就会热得出汗更多，往往会汗湿衣服。当你静下来不动的时候，身上和内衣上的热汗就变成了冷汗，就会使你身体受凉，导致感冒。

（3）教师提供干、湿小毛巾，分别让幼儿放在手背上作直接感受比较，从而知道出汗会使内衣湿透，湿透的衣服让人穿得不舒服，穿着湿的衣服容易使人受凉。

（4）教师再次提问：我们在运动的前后怎样做才能不感冒呢？（幼儿自由表述）

在幼儿表述的基础上，教师归纳：

①在运动的起始阶段，我们开始感觉到身体发热的时候，就可以脱掉外衣。

②在运动的过程中，感觉身体继续发热，而且在出汗，还可以再脱一件衣服。

③在运动结束以后，先自己用干毛巾伸进内衣里面把胸前的汗擦干，再互相帮忙把背后的汗擦干，以免湿透内衣。再把脱掉的衣服穿上，同时注意不要吹凉风。

④如果是夏天，身上本来只穿一件衣服，身体发热出汗也不能脱衣服时，应在运动完后用干毛巾把身上的汗擦干，换一件干衣服穿上，同时也要注意不吹凉风。

2. 学习儿歌，巩固认知。帮助幼儿进一步巩固所获得的认知。

（1）教师示范朗诵儿歌《冷热我知道》（见"活动资源"），请幼儿欣赏。

（2）教师引导幼儿讲述、理解儿歌的内容，以便幼儿记忆。

（3）带领幼儿诵读儿歌，并反复念诵。

3. 实践活动，操作体验。通过户外活动，引导幼儿实践操作根据冷热穿脱衣服的方法。

（1）在活动中，教师要注意观察幼儿的活动量，适时提醒幼儿及时地穿脱衣服。特别是对体弱幼儿和能力较差的幼儿要着重关照。让幼儿知道活动中，微微出汗了就要脱衣服。如穿着过多，感觉热再脱。另外，活动结束后，及时擦干汗，马上穿衣服，以免受凉。

（2）在活动中，请一些能力强的幼儿帮助教师提醒同伴及时穿脱衣服，逐步影响更多的幼儿，甚至是每一个幼儿都能互相提醒同伴。如看见同伴活动时出汗了或没有脱掉衣服，会及时地提个醒，如"你出汗了吗"或"你是不是该脱衣服了"。活动完后也互相提醒，如"把汗擦干""快穿衣服"等。

（3）在活动中，还可以引导幼儿在不同场合设法摆放脱下的衣服，使幼儿方便地及时穿脱衣服。如：摆在桌椅上；挂在运动器械上；请别人帮助拿一下；系在腰、肩上等。充分发挥幼儿的灵活性、主动性。

活动延伸

1. 在日常生活中，关注、提醒幼儿做到根据实际感觉及时穿脱衣服，巩固这一良好的生活习惯，增强自我保健的意识。

2. 让帮助提醒过别人及时穿脱衣服的幼儿，在自己的成长栏中贴上"能干小帮手"标志。这样不仅强化了幼儿乐于助人的意识，同时也提高了幼儿的生活自理能力。

3. 主题拓展：结合季节变化，开展"四季穿衣"等主题活动，引导幼儿了解不同季节的穿衣知识。

冷热我知道(儿歌)

太阳公公眯眯笑，
我的后背湿漉漉。
踮起脚尖摸一摸，
嘿！快把外套脱脱掉！

北风呼呼吹口哨，
小手冰冰像雪糕。
搓搓耳朵跺跺脚，
嘿！棉袄扣子要系好！

跑跑跳跳真热闹，
汗珠偷偷爬眉毛。
停下歇歇擦一擦，
嘿！马甲穿上刚刚好！

冷热藏在风里飘，
脖子胸前探情报。
宝宝会当小侦探，
健康本领我最棒！

九、我长大了

设计意图

随着幼儿从小班步入中班，他们不仅在生理上有了显著的变化，如身高、体重的增加，同时也在行为能力和心智表现上有了显著的提升。为了让幼儿更加直观地感知自己的成长，本活动通过一系列互动环节，引导幼儿发现并欣赏自己的成长，理解"成长"的真正含义，并激发他们自我服务的意识和探索新本领的积极性。

活动目标

1. 发现并了解自己的成长变化过程，感受成长的快乐。
2. 幼儿养成自主意识，知道自己的事情自己做。
3. 引导幼儿欣赏自己的成长，树立自信心，激发探索新本领的积极性。

活动准备

1. 知识经验准备：让家长给幼儿讲解他们小时候发生的一些事情。请家长与幼儿一起回顾并讲述幼儿小时候的故事和趣事。

2. 物资材料准备：幼儿刚入园读小班时的照片，幼儿以前穿过的衣服、鞋子，上小班时留下的脚印，(幼儿从小到大的图片)PPT。

活动过程

1. 猜照片，说过去——发现自己的变化。

教师先后出示各个幼儿刚入园读小班时的照片，请幼儿猜猜这是谁的照片。让幼儿把过去和现在的照片放在PPT上，并回忆自己刚上小班的情景，再说说现在的自己有什么变化。

2. 听故事，看展览——知道自己长大了。

(1)教师讲述《小花猫的红裙子》的故事(见"活动资源")。结合故事提问："小花猫的红裙子为什么会破?"让幼儿讨论衣服大小与个子长大之间的关系，知道身体会长大，

84

衣服不会长大，所以个子大了再穿小衣服就会撑破。

（2）教师把家长送来的幼儿以前穿过的衣服、裤子、鞋子摆出来作展览，让幼儿再试着穿一下。引导幼儿发现身体还有其他部位也长大了。例如：脚长大了，以前的袜子、鞋子就穿不下了……

（3）教师分发幼儿在小班时留下的脚印，让幼儿再用脚比试，证明自己确实长大了。

3. 讲本领，作表演——引导幼儿欣赏自己的成长。

（1）教师启发："有许多变化是'看得到'而且'可测量'的，例如身高、体重的变化，衣服、鞋子穿不下等。除了身体长大，还有什么可以说明自己长大了呢?"引导幼儿意识到自己技能的发展和心智的提高更能说明自己长大了。

（2）教师引导幼儿说一说自己的喜好、特长和本领，用自己的技能发展和心智提高的事例说明自己的成长，并进行表演。鼓励幼儿欣赏自己的成长，建立自信心。

（3）教师引导幼儿理解"我长大了"更深一层的意义，让幼儿知道"长大了"就意味着自己的事情尽量自己做，要不断探索、学习新的本领，发展自我服务的能力。

组织幼儿进行生活技能比赛，激发幼儿发展自我本领的积极性，强化自我服务的意识。

1. 组织幼儿进行生活技能比赛，如穿衣服、系鞋带等，激发幼儿学习新本领的积极性。

2. 鼓励幼儿在家中承担一些力所能及的家务劳动，如整理玩具、扫地等，强化自我服务的意识。

3. 定期开展"我进步了"分享会，让幼儿分享自己在成长过程中取得的进步和成就，增强自信心。

小花猫的红裙子（故事）

3 岁那年春天，小花猫在樱花树下收到了妈妈织的魔法红裙。月光草编的裙摆缀满会发光的樱花，沾到露水就会变成小星星。

整个夏天红裙跟着她蹚过溪流，勾破的地方会自己长出金线蝴蝶。直到某个秋天追蝴蝶时，她发现裙摆缩到了小腿肚，枫叶卡在绷紧的腰带上沙沙作响。

最后一场春雨过后，红裙变成小巧的蝴蝶结，系在了小花猫新买的鹅黄裙上。当她跃上最高的樱花枝头时，旧裙摆的金蝴蝶乘着风掠过指尖，像那年追不到的萤火虫，最终停在了她抽长的影子里。

"妈妈，我的裙子越来越短了!"小花猫惊奇地告诉妈妈。

妈妈的声音从树下传来："那不是裙子变短了，是你长高了!"

十、情绪阴晴表

设计意图

　　幼儿时期是个体情感发展的关键期，也是情绪管理能力培养的重要阶段。在这个时期，幼儿经常面临各种生活场景和情绪变化，他们需要通过观察、学习和实践来逐渐认识并管理自己的情绪。因此，设计"情绪阴晴表"这样的活动，旨在帮助幼儿更好地认识各种情绪，学习通过观察面部表情来了解同伴的情绪状态，并学会调整自己的不良情绪，保持积极向上的情绪状态。

活动目标

　　1. 学会识别并理解多种基本情绪。

　　2. 通过观察面部表情了解同伴的情绪状态，学会关心同伴。

　　3. 掌握一些调整不良情绪的方法，促进个人情绪健康发展。

活动准备

　　1. 知识经验准备：知道生气、开心等基本的情绪。幼儿对基本情绪有初步了解。

　　2. 物质材料准备：表情PPT，气温温度计1个、合奏乐曲《喜洋洋》和二胡独奏曲《病中吟》。

活动过程

　　1. 导入活动。教师引导幼儿，初步认识情绪，了解情绪变化的表现。

　　(1)教师提问："气温变化用什么表示?"出示气温温度计，让幼儿知道气温变化可以用气温温度计来表示。

　　(2)教师提问："人的情绪也会变化吗? 我们怎么知道人的情绪怎么变化呢?"引导幼儿观察PPT中各种面部表情的脸谱，知道面部表情就如同人的情绪阴晴表，从中可以了解不同表情表达的不同情绪，并说一说自己有没有过这一类的情绪。

2. 情绪识别与理解。教师引导幼儿理解情绪变化的原因。

教师设置下列情景，让幼儿说一说处于这样的情景中自己的心情和表情各是怎样的。

①当受到家长和老师夸奖时……

②当获得了自己期望的成功时……

③当心中的愿望因出现特殊情况而未能实现时……

④当心爱的玩具被别人损坏了时……

⑤当遇到困难得到别人的帮助时……

3. 情绪变化的原因探讨。引导幼儿模仿不同的情绪表情，让幼儿知道自己的情绪变化是因为与自己相关的处境和事情发生变化而产生的。

(1)教师引导幼儿说一说在电视中看到"汶川大地震"和"中国运动员夺取奥运会冠军"的画面时，分别是什么心情和表情，让幼儿知道情绪的变化是由自己关心的事物的变化而产生的。

(2)教师先后播放器乐合奏曲《喜洋洋》和二胡独奏曲《病中吟》，体验欣赏这两种情绪截然不同的乐曲的感受，让幼儿知道情绪的变化还可以因受到感染而变化。

4. 教师帮助幼儿认识到要保持良好的情绪，调整不良的情绪。

(1)教师讲述《欣欣的希望落空了》的故事(见"活动资源")，让幼儿知道当遇到不开心的事情时，不要用不正确的方法宣泄不良情绪，久而久之就会影响身体健康。

(2)教师请幼儿说一说自己曾遇到过不开心的事情，当时是怎么做的，并在幼儿讨论的基础上归纳出一些调节情绪的好办法。如：向亲人、小伙伴说出自己为什么不开心，请求他们的帮助；想一些高兴的事，做一些好玩的游戏，使自己快活起来；到户外做一些运动，也会让自己高兴起来；打一打抱枕玩具，心情也会好一些。

(3)教师请幼儿说一说如果通过观察同伴的表情，发现小伙伴不开心时，应该怎么办。让幼儿知道同伴之间要互相关注、互相关心，想办法让小伙伴高兴起来，调整不良的情绪。

(4)请幼儿说一说画中的小朋友遇到了什么不开心的事情，他们各是怎么做的。判断哪是对的，哪是错的。

活动延伸

1. 设立"情绪小站"，定期观察并记录幼儿的情绪变化，引导他们用适宜的方式调整不良情绪。

2. 开展"情绪日记"活动，鼓励幼儿记录自己的情绪变化，促进自我情绪认知。

3. 家园共育：与家长沟通，共同关注幼儿的情绪状态，提供家庭情绪教育的建议和资源。

欣欣的希望落空了（故事）

"妈妈快看！会跳舞的小马！"欣欣踮起脚尖，鼻子在玻璃柜上压出圆圆的小印子。水晶球里的小马驹有彩虹尾巴，每次旋转都会"叮铃铃"地唱生日歌，亮晶晶的雪花落在它粉红色蝴蝶结上。

妈妈数着购物车里的苹果："宝贝记得吗？我们约定每个月只买一个玩具呀。"她手机挂绳上的毛线小兔晃呀晃，那是用欣欣旧袜子的绒球做的。

"可是上个月是小熊！"欣欣突然坐在地上，小红皮鞋"咚咚"踢着地面，"这次是小马！不一样！不一样！"眼泪把牛仔背带裤的肩带染成深蓝色。

货架突然"哗啦啦"唱歌！欣欣的眼泪停在脸蛋上。原来她踢到饼干城堡，巧克力威化像滑梯上的小朋友"咻咻咻"往下溜。穿黄马甲的店员叔叔扮鬼脸："这是谁家小火山爆发啦？"

妈妈从包包里变出神奇宝贝——酸奶吸管、水果网兜和扭扭棒！"我们来造旋转木马好不好？"她把网兜罩在手机电筒上，天花板上立刻游来好多彩虹小鱼！

欣欣挂着鼻涕泡帮忙。扭扭棒变成闪闪发光的护栏，吸管连成转呀转的柱子。当妈妈用口红给小马画腮红时，欣欣突然抱住她香香的脖子："彩虹小马住在手机里，晚上可以陪我睡觉觉吗？"

第二天幼儿园手工课，欣欣举起会发光的"手机旋转木马"。阳光穿过彩色网兜，在她笑出小酒窝的脸上洒满星星。而那个水晶球小马，正在展示台继续转圈圈，等着下个小朋友来发现它的魔法。

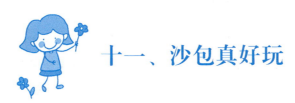

十一、沙包真好玩

设计意图

沙包作为一种传统而多功能的游戏材料，不仅制作简单、携带方便，还能促进幼儿多方面能力的发展。本教案旨在通过引导幼儿探索沙包的多种玩法，培养幼儿的创新思维和团队协作意识；同时，在游戏活动中提升幼儿的身体平衡能力、四肢肌肉力量、目测目标的准确性以及身体的灵活性和协调性。

活动目标

1. 激发幼儿对玩沙包的兴趣，探索沙包的多种玩法。
2. 练习顶包走路、夹包跳行、投掷沙包等动作，提高身体的平衡能力和协调性。
3. 培养幼儿的团队合作精神和探究意识，体验体育游戏的乐趣。

活动准备

1. 知识经验准备：幼儿曾经有过玩沙包的经验。
2. 物质材料准备：大小、重量适中的沙包若干(每个幼儿1个)，歌曲《健康歌》，塑料圈、支架、篮筐、歌曲《欢乐宝贝》等。设计相应的教学活动场地。

场地准备：确保活动场地安全，并划分好游戏区域。

活动过程

1. 热身活动。

(1)在《健康歌》的音乐声中，教师带领幼儿慢跑进入活动场地，并随音乐自由做动作，活动身体。

(2)教师发给每个幼儿一个沙包，提问："你以前用沙包玩过什么游戏？你能想出沙包新的玩法吗?"启发幼儿探索沙包的多种玩法，鼓励幼儿合作设计有关沙包的游戏活动。

(3)教师观察幼儿不同的玩法，关注拿着沙包没有动静的幼儿，请他们看看同伴的玩法，从中受到启发，选择自己喜欢的方式玩沙包。

2. 自由探索沙包的不同玩法。

（1）顶包走路。

教师组织幼儿站成一个圆圈，同一方向侧身对着圆心，把沙包放在头上，顺时针或逆时针绕圈行走，行走时两手侧平举调整身体的平衡。如果沙包掉在地上，可以捡起来再放在头上继续跟队行走。走完一圈后，沙包掉下次数最少的幼儿为优胜者。然后调换方向继续游戏。

（2）夹包跳行。

教师将幼儿分成人数相等的两个小组，分别排队站在起点线上。教师哨声一响，各组的第一个小朋友用双脚夹着沙包往前跳，跳到对面一条线时就捡起沙包往回跑，跑回起点并将沙包交给第二个小朋友。第二个小朋友重复完成同样的过程后，又将沙包交给下一个小朋友……哪个小组的最后一名小朋友先回到起点，哪个小组就获胜。

（3）投掷沙包。

①教师将悬挂塑料圈的两个支架一字摆开，平行置放于离起点线的 2~3 米处；将所有沙包集中放进起点处向上的两个篮筐里。

②仍将幼儿分成人数相等的两个小组，分别排队站在起点线上。

③小朋友站在起点线前，瞄准支架上的塑料圈，将沙包向塑料圈投去（教师提示幼儿注意安全，不能对着人投掷沙包）。

④每个小朋友可以投掷 3 次，沙包穿过塑料圈 1 次计 1 分。一个教师在支架后面捡回散落在地上的沙包，另一个教师分别为两个小组统计分数，最后积分高的小组获胜。

3. 放松活动。

在《健康歌》的音乐声中，幼儿自由做动作，放松身体。

和爸爸妈妈一起在家制作一个小沙包，比一比，看谁投得远吧！

十二、奥特曼小勇士

设 计 意 图

　　幼儿时期是模仿天性最强烈的阶段。通过引导幼儿模仿动画片《奥特曼》中的小勇士，不仅能够激发幼儿参与体育活动的兴趣，还能在游戏中锻炼幼儿的身体素质，提高动作的协调性和准确性。本教案旨在通过投掷游戏，让幼儿在快乐的氛围中提升投掷能力，培养团队合作精神。

活 动 目 标

　　1. 喜欢参与户外运动，体验集体活动的乐趣。

　　2. 能动作标准地进行投掷活动，增强臂、腰、腹、背部肌肉力量，提高动作协调能力。

　　3. 体验成功与挫折，增强自信心和坚韧不拔的精神。

活 动 准 备

　　1. 物质材料准备：果奶瓶若干(幼儿人数的 3 倍)，内装适量沙粒并封口(或晒干的玉米芯系上彩带)，《奥特曼》的音乐。

　　2. 场地设置。

　　(1)训练场地：在一定地中间画三条线：第一条线为投掷线，离投掷线 3 米处的一条线为基准线，离基准线 1 米处的线为超标线。

　　(2)游戏场地：将各种怪兽面具分别贴在数个铃鼓面上，再将铃鼓高低不等地(距地面高度 1~1.4 米)固定在墙面上。在距墙面 3 米处画一条投掷线。

活 动 过 程

1. 活动导入。

　　教师讲述动画片《奥特曼》中勇士打击并战胜怪兽的情节，让幼儿了解奥特曼勇士的形象和英勇行为，激发幼儿参与投掷活动的积极性。

2. 热身活动。

教师让幼儿扮演"奥特曼小勇士"，在训练场地进行准备活动。

在《奥特曼》音乐的伴奏下，幼儿跟着教师进行摆头、挥臂、拳击、踢腿等动作，充分活动身体。

3. 教师指导幼儿进行投掷训练，体验挥臂投掷的动作要领。

（1）徒手训练。教师讲述并示范投掷动作的要领：两腿前后分开站立，上身挺直，投掷臂后伸，手掌作握"手榴弹"的形状，眼看前方目标，然后身子后倾，快速挥臂从肩上前伸，松开手掌作扔出"手榴弹"的样子。

（2）"实弹"训练。幼儿每人把果奶瓶（或玉米芯）拿在手里，当作手榴弹，依次站在训练场地的投掷线前练习投掷。要求"手榴弹"扔出时呈抛物线，尽量向远处投掷，超过 3 米的基准线。教师观察幼儿投掷的动作，适时地给予必要的指导。还可以请投得远的幼儿进行示范，带动其他幼儿多练习，掌握投掷动作的要领。

4. 教师组织幼儿进行"投远"比赛。

将幼儿分为两队站在训练场地的投掷线前，各队幼儿依次手握"手榴弹"投远。没超过基准线的得 1 分，超过基准线的得 2 分，超过超标线的得 3 分。教师帮助两队分别记录汇总成绩，得分多的一队人获胜。"投远"比赛可作三赛两胜制。

5. 教师组织幼儿进行"打击怪兽"游戏。

（1）教师带领幼儿来到游戏场地，要求幼儿进入"奥特曼小勇士"的角色，每名"小勇士"备足 3 枚"手榴弹"，分列 2~4 队站在投掷线处，先行瞄准墙上的"怪兽"练习投掷 3 次，体验投掷击中的动作。只要听见铃鼓声响，说明目标投中，消灭了一个"怪兽"。如果有的幼儿投掷力不够，可让他站得稍微近一些再进行投掷。

（2）教师组织幼儿进行"投中"比赛。将幼儿分为两队站在游戏场地的投掷线前，各队"小勇士"依次手握"手榴弹"瞄准目标投掷。投中目标者得 3 分。教师帮助两队分别记录汇总成绩，得分多的一队获胜。"投中"比赛也可作三赛两胜制。

教师组织幼儿进行"打击移动怪兽"的游戏，提高投掷的难度。将几张桌子拼成一长条，桌上置一小拖车，把贴有怪兽脸谱的铃鼓垂直固定在拖车上。教师用绳子牵引拖车从左到右（或从右到左）平行匀速移动，让幼儿在投掷线上瞄准移动的怪兽打击。

十三、我学会用筷子啦

设计意图

筷子作为中国传统餐具，不仅是文化的传承，更是锻炼幼儿手部精细动作和协调性的好工具。中班幼儿正处于手部精细动作发展的关键期，通过此次活动，我们旨在让幼儿在游戏中掌握使用筷子的方法，提升他们的生活自理能力，并享受使用筷子的乐趣。

活动目标

1. 掌握使用筷子的基本方法。
2. 在日常用餐中能够熟练使用筷子，提高生活自理能力。
3. 体验成功使用筷子的成就感，增强自信心。

活动准备

1. 知识经验准备：幼儿初步了解筷子的用途。
2. 物质材料准备：筷子(在一双筷子的 1/3 处用线点作标记)若干(每个幼儿 1 双)，小碗若干(每个幼儿 1 个)，小纸团、花生果、蚕豆、豌豆等若干，(使用筷子)PPT。

活动过程

1. 谜语导入，激发兴趣。教师引导幼儿猜谜，引出活动主题。

(1)教师出谜："成双结对兄弟俩，个子长得一样长，同心协力做事情，三餐美味它先尝。"当幼儿猜中谜底时，教师出示筷子，请幼儿观察描述筷子的外形特征和主要用途。

(2)教师讲述：小朋友，用筷子吃饭有很多好处。小朋友不是想变得聪明伶俐，才智过人吗？锻炼手指的活动能力是一种很好的方法，因为手指活动能判断大脑运动皮层运动区，增强大脑的思维能力，手脑并用必然使小朋友心灵手巧。学习使用筷子，能使手指灵活运动，有效刺激大脑皮层的生理活动，对小朋友的智力发展很有好处。所以小朋友一定要学会使用筷子吃饭。

2. 探索学习，掌握方法。结合 PPT 相关画页，引导幼儿观察图示，了解筷子的使用方法。

（1）教师示范：手拿筷子的"红点"处，拇指在食指和中指的对侧，中指在两根筷子的中间，用中指分合两根筷子，夹起物品。

（2）幼儿每人拿一双筷子，根据教师提供的不同材料，进行"夹物"游戏，练习使用筷子。开始可尝试夹小纸团、花生果一类容易夹的材料，让幼儿掌握正确的要领和方法。随着幼儿使用筷子变得熟练，可让幼儿大胆尝试夹起难度大一些的材料。

3. 游戏竞赛，体验成功。组织小比赛，体验获得成功的快乐。

（1）自己与自己比。让幼儿先记下第一单元时间内自己所夹物品的数量，再数一数第二单元时间自己所夹同一种物品的数量是不是多一些。

（2）和小伙伴比。把幼儿分若干小组，让几个幼儿在同一时间内看谁夹的同一种物品的数量多，然后推荐到班上进行决赛。

1. 设"筷子小达人"活动角，投放不同难度的夹取材料，鼓励幼儿在日常生活中多练习使用筷子。

2. 在进餐时，教师继续关注幼儿使用筷子的情况，并给予必要的帮助和指导。

3. 组织亲子活动，让家长和幼儿一起练习使用筷子，增进亲子关系。

十四、我是小小美食家

设计意图

在幼儿园进餐的时候，时常会发生一些意外情况，如碎小食物滑入气管被呛到，鱼刺卡住喉咙等，这些都是由于幼儿的不良进餐行为引发的。针对幼儿进餐的时候存在的问题，教师以"进餐的好习惯"为话题，组织幼儿进行讨论，使幼儿认识到为了自己的身体健康，要学会文明进餐、健康进餐。

活动目标

1. 能够识别并指出不文明、不健康的进餐行为。
2. 理解并学习文明进餐、健康进餐的重要性及正确方法。
3. 培养幼儿良好的进餐习惯。

活动准备

1. 知识经验准备：幼儿对基本的进餐礼仪和健康习惯有初步了解。
2. 物资材料准备：视频播放设备1套，几种不良的进餐行为视频1个。

物质材料准备：视频播放设备1套，包含不良进餐行为及正确进餐行为示范的视频；PPT课件展示正确的进餐行为和注意事项；用于表演的小快板及竹板。

活动过程

1. 活动导入，观看视频。

（1）教师播放几种不良进餐行为的视频：坐姿不端，盘中乱挑，吃饭嬉笑，饭菜混吃，狼吞虎咽，暴饮暴食等。

（2）教师结合视频提问：这些进餐行为好不好？（幼儿根据已有的经验讨论问题）

在幼儿讨论表述的基础上，教师小结：这些都是不良进餐行为的表现，既不符合中国传统的进餐礼仪，更会影响我们的身体健康。这些不良的进餐行为容易造成意外事故，如碎小的食物滑入气管被呛到，鱼刺、骨刺划破口腔，卡住喉咙等，带来意外伤害，导致不必要的痛苦。

2. 文明进餐讨论，师幼交流。

教师与幼儿以交流谈话的形式，探讨怎样才是正确的进餐行为，让幼儿知道在进餐的时候要做到文明进餐和健康进餐。

（1）文明进餐。

教师提出问题：进餐的时候，怎样做才是文明的表现，使自己受大家的喜欢？

教师鼓励幼儿大胆说出自己的看法，引导幼儿归纳出以下几点：

①坐姿要端正，这不仅给人以良好的印象，而且便于顺利进食。

②不用手扒饭粒，要用自己的餐具，这不仅是讲究文明，而且是讲究卫生。

③在与他人共同进餐时要就近夹菜。这是对同桌进餐人的尊重。

④打喷嚏咳嗽时要转身，并用纸巾捂嘴，避免病菌的传播，这是体现一个人文明素质的举动。

（2）健康进餐。

教师提出问题：进餐的时候，怎样做才安全，保证健康进餐？

教师鼓励幼儿大胆说出自己的看法，引导幼儿归纳出以下几点：

①不说闹嬉笑，不看电视和书报，做到专心进餐，防止被呛、被卡。

②要细嚼慢咽，饭菜不混吃，饭后不做大的活动，可慢步行走，有利于食物消化，保护肠胃。

③进食适量，不能吃得太饱，避免引起消化不良等病痛。

3. 观察 PPT。

教师结合 PPT 相关页面，引导幼儿观察画面，判断画面上的小朋友谁做得对，谁做得不对，使幼儿巩固已获得的文明进餐、健康进餐的认知。

4. 教师表演。

教师一边打竹板，一边表演小快板《养成进餐好习惯》，让幼儿在欣赏教师表演的过程中，增强文明进餐、健康进餐的意识。

活动延伸

1. 在日常进餐时，教师注意观察幼儿的行为，并及时提醒和纠正不良习惯。

2. 在班级中设置"文明进餐之星"的评选，鼓励幼儿积极参与文明进餐的实践活动。

3. 家园互动：向家长宣传文明进餐、健康进餐的重要性，鼓励家长在家中也引导幼儿形成良好的进餐习惯。

# 十五、我会保护自己

 **设 计 意 图**

社会上有关诱骗拐卖儿童的恶性事件时有发生，警示我们要加强对幼儿的教育。教师在幼儿观看了情景表演之后，继续设置幼儿单独遇到陌生人的几种情景，引导幼儿讨论如何应对，帮助幼儿警惕这类事件的发生，增强防范意识，提高自我保护的能力。

活 动 目 标

1. 幼儿明确不能轻易接受陌生人的食物、玩具或跟随陌生人离开。
2. 学会应对陌生人的策略，提高自我保护能力。
3. 培养幼儿在面对陌生人时的警觉性和防范意识。

活 动 准 备

物质材料准备：PPT，教师导演排练情景表演（邀请大班两个幼儿和本班幼儿都不认识的一个成人朋友参加排练演出）。

 活 动 过 程

1. 观看情景表演，让幼儿了解随便跟陌生人走的严重后果。

教师组织幼儿观看情景表演《小星和小阳遇到了陌生人》，结合情景表演提出问题：小星为什么跟陌生人走了呢？结果怎么样？小阳面对陌生人是怎样做的？

在幼儿讨论回答问题的基础上，教师归纳：在我们不认识的人之中，有些是坏人，他们专做拐卖儿童的勾当。他们会用好听的话、好吃的食物和有趣的玩具哄骗小孩，让小孩跟着他们走，使小孩再也不能回到自己家。小星因为轻信了陌生人的话，又经不住陌生人的诱惑，所以上当受骗，被拐卖到很远很远的地方去，再也见不到自己的爸爸妈妈了。而小阳没有轻信陌生人的话，坚决不跟陌生人走，所以才免于遭受被陌生人拐骗的严重后果。小朋友们在遇到陌生人的时候，都要像小阳那样，不能随便相信陌生人的话，更不能跟陌生人走。

2. 假设生活情景，帮助幼儿学习、掌握防范陌生人的做法。

教师结合 PPT，讲述假设的生活情景，让幼儿交流讨论应对的方法。

（1）情景一：在幼儿园放学的时候，一个陌生的阿姨走到一个小朋友跟前说："我是你妈妈的朋友，她今天没有空来接你了，让我帮她接你回家，你跟我走吧！"

在幼儿交流讨论的基础上，教师归纳：

①对陌生的阿姨说："你给我妈妈打电话，让我听听妈妈的声音，看她是不是这么说的。"这个方法可以验证陌生的阿姨是不是妈妈的朋友，同时让妈妈知道这件事。

②把陌生的阿姨拉到老师跟前并告诉老师相关情况。这个方法是请老师帮助应对陌生人。

③对陌生的阿姨说："我不认识你，我不跟你走。"这个方法可以直接避免受骗的可能。

（2）情景二：小朋友们在草地上游戏，一个陌生的叔叔对一个小朋友说："小朋友真可爱，叔叔给你巧克力，还把这个机器猫给你玩。"

在幼儿交流讨论的基础上，教师归纳：

①对陌生的叔叔说："谢谢你，我不能吃巧克力，不要机器猫，我要和小伙伴做游戏。"这个方法可以委婉地拒绝陌生的叔叔，避免受骗。

②从陌生的叔叔身边走开，不理睬他。这个方法可以避免陌生人的继续纠缠。

③大声地对陌生的叔叔说："我不认识你，不吃你的巧克力，不要你的机器猫。"这个方法可以引起一起做游戏的同伴注意，让大家一起来保护自己。

（3）情景三：一个小朋友，跟着爸爸妈妈逛商场，中途走失。这时一个陌生的阿姨说："小朋友，我带你去找爸爸妈妈。"

在幼儿交流讨论的基础上，教师归纳：

①对陌生的阿姨说："谢谢你，爸爸妈妈会到这里来找我的。"或者说："不麻烦你，我请柜台里卖东西的阿姨帮我找爸爸妈妈。"这个方法是巧妙地拒绝受骗，并可以向售货员求助。

②大声地对陌生的阿姨说："我不认识你，我不跟你走。"这个方法可以引起周围人的注意，求助周围的人帮忙保护你。

（4）情景四：一个小朋友一个人在家，有一个陌生的叔叔敲门或按门铃。说是来找爸爸妈妈，或者说是维修水电的。

在幼儿交流讨论的基础上，教师归纳：

①大声对门外的陌生人说："等爸爸妈妈回来再说。"不给开门。如果陌生人继续纠缠，就打 110 电话或邻居的电话求助。这个方法可以让行骗的陌生人无机可乘。

②大声地喊道："爸爸，外面有人找。"这个方法可以让陌生人以为家里有大人，知难而退。

（5）情景五：一个陌生人强行抱着一个幼儿。

在幼儿交流讨论的基础上，教师归纳：大哭大叫"我不认识你，放下我！""爸爸，快来救我!"哭叫的同时，手脚用力摆动挣扎。这样能引起周围人的注意，以便给予帮助。

家园共育：用报刊、电视上报道的坏人拐骗儿童的事件教育幼儿，培养幼儿的自我保护意识。

十六、没有窝的小兔

 **设 计 意 图**

　　幼儿天生喜欢活泼的游戏和追逐，但常常因为场地选择和规则不明确而引发安全问题。本教案旨在通过设计一个安全、有趣的追逐游戏"没有窝的小兔"，引导幼儿在遵守规则的前提下进行游戏，锻炼他们的身体协调性和团队协作能力，同时体验游戏的乐趣。

活 动 目 标

　　1. 喜欢参与户外游戏活动，体验游戏的快乐，并遵守游戏的规则。

　　2. 增强幼儿团队合作的能力，学会共同解决问题。

　　3. 锻炼幼儿的身体协调性和反应能力。

活 动 准 备

　　1. 知识经验准备：身体大肌肉发展较好，能够做跑、跳等大动作。幼儿具备基本的跑、跳、钻等身体动作技能。

　　2. 物质材料准备：大灰狼头饰 1 个、小兔头饰若干个、铃鼓 1 个、小皮球 1 个。

 活 动 过 程

　　1. 热身活动。

　　(1)教师带领幼儿来到空旷平坦的场地，进行队列练习：立正、稍息、看齐、齐步走、跑步走。

　　(2)教师带领幼儿做自编的小兔操：四肢伸展、身体俯仰、原地跳跃、移动跳跃。通过做小兔操活动身体。

　　2. 游戏活动。

　　(1)教师讲解游戏方法和规则。

　　①先用"摇铃鼓传球"的游戏活动选出一个幼儿当大灰狼。让幼儿围站成一个圆圈，

教师把小皮球交给任意一个幼儿。教师闭上眼睛摇铃鼓，拿小皮球的幼儿同时把小皮球向任一方向的小朋友传递，在教师的铃鼓声停止时，小皮球在谁的手里，谁就当大灰狼。然后用同样的方式选出两个幼儿当没有窝的小兔。

②将其余的幼儿按4人为一组，其中3个人手牵手围成圈当兔窝，另一个人当窝中的小兔。各组的小圈相距5步左右，几个小圈又形成一个大圈。"大灰狼"和两只没有窝的"小兔"都散站在大圈中。

③教师和幼儿齐声念："大灰狼，抓小兔，没窝的小兔快找窝。一、二、三。"喊"一"时，没窝的"小兔"即刻逃跑，喊"三"时，"大灰狼"开始追捕。逃跑的"小兔"为了自救，可以钻进任何一个"兔窝"，这时"窝"里原有的"小兔"必须马上跑出小圈外，变成没有窝的"小兔"，成为"大灰狼"的追捕对象。这个新的没有窝的"小兔"也可以钻进其他任何一个"兔窝"里，那么"窝"里原有的"小兔"又成了没有窝的"小兔"，"大灰狼"又可以追捕他。

④如果没有窝的"小兔"被"大灰狼"抓到，那么两个人交换角色，这个"小兔"就当"大灰狼"，原来的"大灰狼"就当没有窝的"小兔"。变换角色时交换头饰，游戏继续进行。

(2)教师请"大灰狼"和"小兔"分别戴上头饰进行游戏。游戏每进行5~8分钟暂停，让围小圈的幼儿轮流当小兔，游戏重新开始。

3. 放松活动。

(1)教师让幼儿在场地上四散自由便步走，以便放松身体。

(2)教师表扬始终没被"大灰狼"抓住的"小兔"，肯定大家能遵守规则进行游戏活动。

增加1个"大灰狼"和若干"小兔"，让"大灰狼"更容易捕捉到"小兔"，使游戏活动更加刺激和有趣。

十七、营养配餐师

设计意图

在进餐的时候，不仅要注意培养良好的进餐习惯，还要注意食物的营养全面均衡，吃得科学，吃得健康。针对幼儿生活中常见的挑食现象，教师组织幼儿进行"说""听""做"三个活动环节，让幼儿了解食物的基本分类和认识到吃饭挑食有害身体健康，获知自己的偏食倾向，并为自己纠偏、设计营养套餐。

活动目标

1. 认知食物的基本分类和营养价值。
2. 理解挑食对身体健康的不良影响。
3. 激发幼儿主动配餐的兴趣，培养健康饮食的意识。

活动准备

1. 知识经验准备：幼儿初步了解食物对身体成长有作用。
2. 物质材料准备：各种食物的 PPT。

 活动过程

1. 活动导入。

教师引导幼儿说一说平时跟随家长去商店、超市或菜市场看到过的一些食物，其中哪些食物是自己喜欢吃的，并把它们画在纸上。然后再说一说有哪些食物是自己最不喜欢吃的，并说明原因。

2. 观看 PPT。

教师结合 PPT 把有关食物的分类和营养用浅显易懂的说法说给幼儿听，让幼儿知道对某一种食物"爱不释口"和"厌不入口"都是不对的，各种食物都应当适量吃一些，我们才能获得全面均衡的营养，有利于我们的身体发育成长。

3. 我来搭配食谱。

教师可根据幼儿共性的偏食倾向设计几款营养配餐，为幼儿进行示范。继而引导幼儿针对自己的偏食倾向，了解自己应该多补进哪些食物才能满足自己身体的需要。帮助幼儿根据这个需要，为自己设计独特的营养配餐，并把这些配餐的食物画在纸上，尝试做一个营养配餐师。

1. 幼儿将自己设计的营养配餐带回家，向家长展示并解释其设计理念。
2. 鼓励家长根据幼儿的设计制作营养餐，让幼儿体验健康饮食的乐趣。

进食各类食物的好处（生活常识）

1. 肉类食物：长期食用肉类食物可以使身体变得强壮，使人的性格变得勇敢；另外吃猪肝、鸡肝等还有利于补血。

2. 蛋类食物：多吃蛋类食物可以健脑益智、保护肝脏。

3. 鱼类食物：多吃鱼类食物对长脑子、长骨骼有好处。

4. 蔬菜食物：常吃蔬菜类食物，能保持大便的通畅，防止便秘。

5. 菌类食物：常吃菌类食物有利于身体和脑子的生长发育，滋养皮肤，还有减肥抗癌的功效。

6. 水果食物：水果的品种很多，各种水果的营养和功效各不相同。每天吃少量的苹果，可以增强免疫力；适当吃点梨子，可以帮助体内排毒，软化血管；吃桃可以消暑止渴，清热润肺；吃番茄也能清热解毒，保肝利尿；吃香蕉不仅有利于大便通畅，还可以稳定人的情绪；吃草莓不仅能补充营养，还可以培养人的耐心。

7. 豆类食物：多吃豆类食物，可以促进人的生理代谢功能，提高抗病能力，同时还有抗癌减肥的功效。

8. 谷类食物：常吃谷类食物，可以保证人体需要的基本营养，还有防病保健作用。

十八、危险的动作我不做

设计意图

　　幼儿由于好奇，追求刺激，喜欢做一些有趣的动作，如把木棍当剑舞，站在桌子或椅子上往下跳。这些动作往往会伤害别人或者伤害自己。教师通过布偶情景表演、列举危险动作、看图进行判断活动环节，帮助幼儿了解生活中的危险动作及其容易产生的伤害，知道不能做这些危险的动作，从而防范这些危险动作可能造成的伤害，进一步增强安全意识和自我保护意识。

活动目标

　　1. 识别并理解日常生活中的危险动作及其可能导致的伤害。
　　2. 学会避免和提醒他人避免危险动作。
　　3. 增强幼儿的安全意识和自我保护能力。

活动准备

　　1. 知识经验准备：幼儿知道要和其他小朋友友好相处，不能伤害小伙伴。
　　2. 物质材料准备：PPT，幼儿布偶2个。

活动过程

　　1. 教师进行布偶情景表演，引发幼儿对活动的兴趣。

　　教师两只手各戴一只布偶进行情景表演，根据布偶角色说的话操作相应的动作。然后结合布偶情景表演提问：冬冬为什么会受伤？

　　在幼儿回答问题的基础上，教师小结：在我们日常生活中，我们有些不经意的动作会有一定的危险性，容易造成意外伤害。

　　2. 教师引导幼儿交流讨论，列举日常生活中哪些动作属于危险的动作，并说一说会造成什么危害。

　　在幼儿讨论的基础上，教师进行归纳：

（1）有的小朋友用木棍当剑舞，用树枝当鞭子使。当把木棍或树枝打过去、扬过来时，可能伤害到同伴，甚至会把同伴的眼睛戳伤。

（2）有的小朋友站在桌子或椅子上往下跳，如果自己控制不好身体的重心和落点，就可能把脚腕扭伤，甚至腿骨骨折。

（3）有的小朋友走在路上看见一块小石头，就随意抬脚用力一踢，石头飞起可能碰到同伴身上，甚至会把脑袋砸伤。

（4）有的小朋友在路上倒着走，可能因为路不平或身后有障碍物而造成意外伤害。

（5）有的小朋友看见同伴正在喝水，突然在同伴肩膀上拍一下，使同伴呛着而发生危险。

（6）有的小朋友在走道和楼梯上追跑打闹，容易撞到别人或自己跌倒，导致头破血流。

3. 教师引导幼儿观察 PPT，判断画面中小朋友的哪些动作有危险性。

 活动延伸

1. 教师组织幼儿讨论："当自己或同伴在园外受到意外伤害时，怎样打电话求救？"
2. 在日常生活中，教师随时提醒幼儿不要做危险的动作。

十九、遇到困难我不怕

设 计 意 图

现在的孩子大多在大人的精心呵护下生活，家庭的溺爱使不少孩子自小养成了严重的依赖性。他们在日常生活、学习中稍稍遇到一点困难，就束手无策，而不是尝试依靠自己想办法克服困难。长此以往，会降低孩子的生活适应能力，形成脆弱的心理，这对孩子将来的生活、学习、工作以及事业的发展极其不利。教师通过"看画页、提问题""听故事、受启发""看画页、想办法""做游戏、验效果"等环节的活动，帮助幼儿在遇到困难的时候，首先做到不要慌、不要怕，坦然面对困难，然后积极想办法，尝试凭借自己的能力解决问题。

活 动 目 标

1. 学会在遇到困难时保持冷静，积极寻求解决办法。
2. 培养幼儿解决问题的能力和自信心。
3. 提高幼儿的生活适应能力。

活 动 准 备

物质材料准备：PPT，大兔子头饰 1 个、小兔子头饰若干个 (每个幼儿 1 个)，轻松音乐和流水声音乐。

1. 活动导入。

教师让幼儿观看 PPT 的不同画面：

画面一：一个小女孩在折纸活动中折叠了一个很漂亮的小鸟，担心与别人折的小鸟搞混了，可是她又不会写自己的名字，一副愁眉苦脸的样子。

画面二：一个小男孩在美工活动中，因为没带红色的蜡笔，不能把太阳涂成红色，完不成这幅画，显出垂头丧气的样子。

画面三：一个小女孩过马路时，面对来来往往的车流，急得满脸通红，手足无措。

画面四：一个小男孩在幼儿园跑步时，不小心跌伤了膝盖，他坐在地上泪流满面。

教师结合画面提问：这些小朋友遇到了什么事情？他们的表情是怎样的？

在幼儿回答问题的基础上，教师归纳：这些小朋友都各自遇到了一定的困难，面对困难他们都显出焦急、害怕和痛苦的样子，但是困难还是得不到克服，问题得不到解决。那么，怎样才能克服困难、解决问题呢？还是听老师讲一个故事吧！我相信听完故事后，小朋友都会知道应该怎么办了。

2. 听故事，受启发。

教师分段讲述《乌鸦喝水》的故事(见"活动资源")，结合各段的内容提出问题，引导幼儿根据故事情节说一说自己的感受。

(1)讲述故事"有一只乌鸦……这可怎么办呢？"提问："乌鸦口渴了，看见罐子里有水却喝不到水，它的心情怎么样？"让幼儿通过回答问题说出自己的第一次心理体验。

(2)讲述故事"乌鸦想……瓶子仍然纹丝不动。"提问："乌鸦想出了一个办法，却解决不了问题，它的心情怎么样？"让幼儿通过回答问题，说出自己的第二次心理体验。

(3)讲述故事"乌鸦很生气……心里感到无比痛快和舒畅。"提问："乌鸦再次想到好办法，解决了问题。它的心情怎么样？"让幼儿通过回答问题，说出自己的第三次体验。

结合完整的故事，教师再次提问：小朋友，听了这个故事，你们受到什么启发？我们遇到困难的时候应该怎么办？

在幼儿回答问题的基础上，教师归纳：这个故事告诉我们，遇到困难的时候，我们首先不要心慌、不要紧张，更不要害怕，否则可能会使事情变得更糟。遇到困难的时候，我们应该冷静、坦然地面对困难，积极想办法克服困难，相信自己有能力解决问题，做一个勇于克服困难的好孩子。当然，如果自己实在想不出很好的办法解决问题，还是可以请求别人给予必要的帮助。只要自己尽力了，说明自己还是一个不怕困难的好孩子。

3. 看 PPT，想办法。

(1)教师让幼儿观察 4 个画面，帮助画面中的小朋友想办法解决问题。教师在肯定幼儿提出的可行办法的基础上进行小结。

(2)教师组织幼儿分组讨论，让幼儿说说"自己遇到什么困难，当时是怎么做的"。教师轮流参加各小组的讨论，并用各组讨论中幼儿的实际事例再次引导幼儿懂得遇到困难时不要心慌、害怕，要努力动脑筋、想办法，克服困难，解决问题。

4. 做游戏，验效果。

教师组织幼儿进行"兔子过河"的情景游戏。教师戴上大兔子的头饰扮演兔妈妈；幼儿戴上小兔子的头饰扮演兔宝宝。在轻快的音乐中，兔妈妈带领兔宝宝们上山采蘑菇，半路遇到一条小河(播放流水的声音)。兔妈妈请兔宝宝们都想一想过河的办法。在兔妈妈、兔宝宝们想出的诸多方法中，选出一两个比较切实可行的方法带领兔宝宝过河。

在此情景游戏中，不在于幼儿是否能想出什么高招，而在于幼儿能否在面对困难时积极想办法解决。

在日常生活中，教师关注幼儿遇到的困难，鼓励他们自己尝试解决。

鼓励幼儿将所学到的解决问题的方法应用到其他领域，如学习、游戏等。

乌鸦喝水（故事）

一只乌鸦口渴了，它在天空中四处寻找水源。找了很久，终于在不远处发现了一个瓶子，便高兴地飞了过去。可是，瓶子里水很少，瓶口又小，瓶颈又长，乌鸦的嘴无论如何也够不着水。这可怎么办呢？

乌鸦想，如果把瓶子撞倒，水就会流出来，它就能喝到水了。于是，它从高空俯冲下来，猛烈地撞击瓶子。可是瓶子太重了，乌鸦用尽全身的力气，瓶子仍然纹丝不动。

乌鸦很生气，它从不远处叼来一块石子，朝着瓶子砸下去。它本想把瓶子砸坏，让水流出来，没想到石子不偏不倚"扑通"一声正好落进了瓶子里。乌鸦飞下去一看，发现瓶子并没有破，但它注意到，石子沉入瓶底后，里面的水位好像比原来高了一些。

"有办法了！"乌鸦非常高兴，它开始行动起来。它不厌其烦地叼来一块一块的石子，并把它们一块一块地投进瓶子里。随着石子的增多，瓶子里的水位也一点一点地慢慢上升。终于，瓶子里的水快要升到瓶口了，乌鸦总算可以喝到水了。它站在瓶口，喝着甘甜可口的水，心里感到无比痛快和舒畅。

二十、保护牙宝宝

设计意图

不少幼儿对爱护牙齿的认识不足，不注意保持口腔卫生，有的幼儿甚至得了龋齿，受到病痛的折磨。教师通过"猜谜语""讲故事""做实验"等环节活动，让幼儿了解牙齿的功能，明白龋齿产生的原因，知道爱护牙齿的重要性。

活动目标

1. 增强保护牙齿的意识，了解牙齿健康的重要性。
2. 通过故事和实验，了解龋齿产生的原因及危害。
3. 学习正确的刷牙方法，掌握保护牙齿的注意事项和方法。

活动准备

1. 知识经验准备：幼儿对牙齿有基本的认识。
2. 物质材料准备：蛋壳(用针管吸出里面的蛋液)2 个，其中 1 个浸泡在醋里；小镜子幼儿每人 1 个，故事《小熊拔牙》PPT。

活动过程

1. 谜语导入，激发幼儿对活动的兴趣。

教师说出谜语："大小兄弟几十个，上下两排住一窝。只要食物送进来，它们帮忙切和磨。"引导幼儿猜出谜面，并说一说牙齿的作用。

在幼儿叙述的基础上，教师归纳：牙齿是我们人体的重要器官，用"切"和"磨"的方式咀嚼食物，帮助我们消化，获取生长发育的营养。

2. 故事引领，了解龋齿危害。教师出示 PPT，讲述《小熊拔牙》的故事(见"活动资源")，让幼儿了解龋齿的危害。

教师结合故事提问：小熊为什么会牙疼？哪个小朋友曾经牙疼过？疼的滋味是怎样的？

在幼儿回答问题的基础上，教师归纳：我们在吃了食物(特别是甜食)之后，如果我们总是不漱口，时间长了就会得龋齿，旁边的牙龈就会发黄，让人疼得像针刺一样。这时，不仅不能吃东西，连说话都很困难。

3. 实验操作，认识龋齿形成的原因。教师动手做实验，让幼儿了解产生龋齿的原因。

(1)教师出示两个盛有鸡蛋壳的小碗，其中一个鸡蛋壳浸泡在醋里。先让幼儿看一看、闻一闻、摸一摸两个小碗里的蛋壳，说一说它们有什么不同。

在幼儿表述的基础上，教师归纳：浸泡在醋里的蛋壳有一股刺鼻的酸味，变黑变软。这是因酸能化解蛋壳中的钙，使蛋壳变黑变软了。

(2)教师请幼儿品尝桌上的饼干，吃完后照照镜子，观察牙齿上有什么。教师讲解：我们在吃了食物(特别是甜食)之后，如果总是不及时漱口，时间长了，那些残留在口腔牙缝里的食物就会变酸，就像醋泡鸡蛋壳一样，腐蚀我们牙齿中的钙，把牙齿变黑，并且出现小洞洞，这些有小洞的牙齿就是龋齿。

4. 讨论交流，学习保护方法。教师引导幼儿讨论怎样保护牙齿，知道维护牙齿健康应注意的事项和方法。

在幼儿讨论的基础上，教师进行归纳：牙齿对我们很重要，我们一定要保护它。每天早上起床后和晚上睡觉前都要刷牙，吃完食物后要漱口，保持口腔的清洁。不要吃过硬、过冷、过热的食物，少吃甜食。平时要定期检查牙齿，发现牙齿疼痛，要及时到医院诊治，保护好自己的牙齿。

1. 鼓励幼儿在家坚持早晚刷牙，饭后漱口，养成良好的口腔卫生习惯。
2. 定期开展口腔健康检查活动，及时发现并治疗牙齿问题。
3. 通过家园共育的方式，向家长宣传保护牙齿的知识和方法，共同关注幼儿的口腔健康。

小熊拔牙(故事)

在一个美丽的森林里，住着一只可爱的小熊，它叫嘟嘟。嘟嘟特别爱吃甜食，尤其是蜂蜜和糖果，它每天都要吃好多，而且吃完后还不爱刷牙。

一天晚上，嘟嘟像往常一样，躺在床上，怀里抱着一罐蜂蜜，边吃边进入了甜甜的梦乡。可是，半夜的时候，嘟嘟突然被一阵剧痛疼醒了。原来是它的牙齿在"抗议"啦！一颗颗牙齿又红又肿，像一个个生气的小娃娃，在嘟嘟的嘴里又踢又闹。嘟嘟疼得在床上直打滚，"哎哟哎哟"地叫个不停。

熊妈妈听到声音，急忙跑了过来。看到嘟嘟难受的样子，熊妈妈心疼极了，她温柔地安慰嘟嘟："宝贝，别害怕，妈妈带你去找啄木鸟医生。"

　　天一亮，熊妈妈就带着嘟嘟来到了啄木鸟医生的诊所。啄木鸟医生仔细地检查了嘟嘟的牙齿，严肃地说："嘟嘟，你的牙齿里有好多小虫子，都是你平时吃太多甜食又不刷牙的结果。现在必须把坏牙拔掉，不然会更疼的。"

　　嘟嘟一听要拔牙，吓得浑身发抖，它紧紧地抱住妈妈，哭着说："妈妈，我不要拔牙，拔牙一定很疼，我再也不吃甜食了，呜呜呜……"

　　熊妈妈轻轻地抚摸着嘟嘟的头，说："宝贝，别怕，只要你勇敢一点，很快就会好的。如果你现在不拔掉坏牙，以后会更难受的。

　　在妈妈的鼓励下，嘟嘟终于鼓起了勇气，躺在了治疗床上。啄木鸟医生拿起工具，小心翼翼地开始拔牙。嘟嘟紧紧地闭上眼睛，双手紧紧地抓住妈妈的手，心里害怕极了。虽然拔牙的过程很疼，但嘟嘟还是努力忍着，没有哭出声来。

　　终于，坏牙被拔掉了，嘟嘟感觉一下子轻松了许多。啄木鸟医生笑着对嘟嘟说："嘟嘟，你真是个勇敢的好孩子！以后一定要少吃甜食，每天早晚都要认真刷牙，不然其他牙齿也会生病的。"嘟嘟用力地点点头，说："我记住了，医生叔叔，我以后一定会好好爱护牙齿的。"从那以后，嘟嘟真的改掉了爱吃甜食又不刷牙的坏习惯。每天早上起床后和晚上睡觉前，它都会认真地刷牙，还会提醒森林里的小伙伴们也要爱护牙齿。现在，嘟嘟的牙齿又白又健康，它又可以开心地在森林里玩耍啦！

二十一、我会刷牙啦

设计意图

通过本次活动，幼儿懂得了保持口腔清洁、保护牙齿健康的重要性。知道保护牙齿健康应注意的事项和方法，接下来的问题是学习如何刷牙。教师利用牙齿模型进行示范讲解，引导幼儿进行练习，从而掌握刷牙的正确方法，并培养幼儿每天早晚刷牙的良好习惯。

活动目标

1. 了解牙齿的结构和功能，知道牙齿光滑、坚硬的原因。
2. 掌握正确的刷牙方法，并能在日常生活中运用。
3. 养成爱护牙齿、坚持刷牙的良好习惯。

活动准备

1. 知识经验准备：幼儿在家经常刷牙。
2. 物质材料准备：牙齿模型 1 副，儿童牙具（牙刷、牙膏、口杯）每个幼儿 1 套，《刷牙歌》，镜子（供幼儿自行观察刷牙效果）。

活动过程

教师出示牙齿模型，给幼儿讲解牙齿种类及其光滑、坚硬的原因。

（1）教师请幼儿认真观察牙齿模型，看一看牙齿有几种不同的形状，并说一说自己是怎样用牙齿吃东西的。在幼儿表述的基础上，教师分别介绍切牙、尖牙和磨牙的作用：切牙，又叫门牙，它在吃食物的时候起切断食物的作用；尖牙，又叫犬牙，它在吃食物的时候起撕开食物的作用；磨牙，又叫后牙，它在吃食物的时候起磨碎食物的作用。

（2）教师讲解牙齿光滑、坚硬的原因，我们的牙齿表面有一层"釉"，家里的碗盘表面都有这样一层"釉"。它附着在牙齿的表面，不仅使牙齿显得光洁、美观，而且能保护牙齿不受损害。但是，这种"釉"就怕醋一类的酸东西，如果被酸东西长时间侵蚀，就像鸡蛋壳被醋泡软泡黑一样，牙齿就失去了保护。所以我们要坚持漱口、刷牙，保持口腔清洁。

2. 教师引导幼儿讨论怎样正确刷牙，让幼儿练习、掌握刷牙的正确方法。

(1)教师让幼儿各抒己见，说一说自己是怎样刷牙的，并拿牙刷在牙齿模型上表演自己的刷牙动作。

(2)教师引导幼儿讨论怎样正确刷牙。在幼儿讨论的基础上，教师手托牙齿模型进行归纳，一边示范，一边讲解：先在牙刷上挤上少许牙膏，用杯子盛上水(不要太满)，然后用水漱一下口，接着开始刷牙。刷牙的时候，上面的牙齿从上往下刷，下面的牙齿从下往上刷，两边的牙齿由里往外刷，齿面和齿壁都要刷到。根据儿歌提示的方法，指导幼儿手拿牙刷自行练习刷牙的动作，教师巡查。

3. 教师播放《刷牙歌》，让幼儿在音乐中练习刷牙的方法。幼儿根据教师的提示，一个步骤、一个步骤地练习刷牙。教师对个别幼儿进行必要的帮助。

 活动延伸

1. 教师带领幼儿诵读《刷牙歌》的歌词，然后教唱歌曲《刷牙歌》，强化幼儿的刷牙意识。

2. 与家长沟通，请家长帮助幼儿练习并巩固掌握正确的刷牙方法，鼓励并督促幼儿坚持每天早晚刷牙。

 活动资源

刷牙歌(儿歌)

小牙刷，手中拿，
我呀张开小嘴巴。
刷左边，刷右边，
上下里外都刷刷。
早上刷，晚上刷，
刷得牙齿没蛀牙。
张张口，笑一笑，
我的牙齿刷得白花花。

二十二、黑山洞大营救

设计意图

害怕，是幼儿的一种心理表现。有的幼儿害怕黑暗，害怕独处。他们不愿意独自如厕，不愿意独自睡觉。长此以往，可能会使幼儿形成脆弱的心理。教师通过设置到黑山洞里去营救小动物的情景游戏，帮助幼儿正视黑暗，克服害怕黑暗的心理障碍，从而逐步提升幼儿勇敢、自信的心理品质。

活动目标

1. 知道黑暗是一种自然现象，减轻对黑暗的恐惧心理。
2. 学习在黑暗环境中活动的方法，提高自我保护能力。
3. 培养勇敢、自信的品质，树立积极面对困难的态度。

活动准备

1. 物质材料准备：在教室的角落设置一个"小山洞"，洞中放置各种小动物娃娃（与幼儿人数相同），洞口挂上能遮光的布帘。
2. 安全准备：确保"小山洞"内无安全隐患，洞口设有软垫以防幼儿摔倒。

活动过程

1. 故事导入，激发兴趣。

教师向幼儿简单介绍游戏名称和游戏内容：小朋友，今天我们做的游戏名称是"黑山洞大营救"。

活动的内容是有一只大灰狼抓来了一些小动物，把他们关进了黑山洞。大灰狼听说有一个小勇士突击队要来营救那些小动物，他害怕被小勇士抓住，早早溜跑了。可是黑山洞里的那些小动物却出不来。

现在我们班的小朋友就是小勇士突击队的队员，老师就是小勇士突击队的队长。为了营救小动物，我们出发吧！

2. 游戏进行。

(1)"队长"带领"小勇士"来到事先设置的"黑山洞"前，里面传来一阵阵"小动物"的呼救声(由另一教师在隐蔽处发出)。

"队长"作出仔细倾听的样子："黑山洞里好像有谁在喊'救命'？"

"队长"蹑手蹑脚地慢慢走到"黑山洞"前，向洞里喊道："喂——你们是谁呀？"

这时从山洞深处传出声音(另一教师的声音)："我们都是小动物，被大灰狼抓住关进这个黑的山洞里了。快救救我们吧！"

(2)"队长"对"小勇士"们说："小勇士们，你们谁先进去营救小动物？"

"队长"请几个平时胆大的"小勇士"结伴相继钻进"黑山洞"里走一遭，每个人抱一个小动物娃娃出来。"队长"和这几个"小勇士"拥抱，夸奖他们很勇敢。

(3)教师请这几个幼儿说一说刚才钻进"黑山洞"里走一遭的感受，让其他幼儿知道"黑山洞"里面虽然黑，但并没有什么可怕的东西，也不会出现什么危险。其实黑暗也并不可怕，只是因为看不见才造成行走困难。我们刚进去里面会觉得很黑，可以先在洞口站一下，过一会儿眼睛会渐渐适应黑暗，就用不着害怕了。

再说我们都是营救"小动物"的小勇士，我们应该勇敢些，一面摸索，一边前进，把那些小动物营救出来。

(4)为了鼓励愿意去救小动物的"小勇士"一个一个钻进"黑山洞"，每人救一只小动物抱出来，"队长"请配班教师坐在"黑山洞"里，轻轻地一下一下拍手。那些本来不敢进"黑山洞"的"小勇士"消除了顾虑，也敢于钻进"黑山洞"，听着配班教师拍手的声音往里走，每人抱一个小动物娃娃出来。

(5)幼儿从"黑山洞"出来后，大多显出兴奋的样子，感到"黑山洞"并不可怕。为了进一步消除幼儿对黑暗的恐惧感，教师鼓励幼儿一个跟一个再次钻进"黑山洞"，进去后拍一下手，大声说"我来了"，然后出来。

3. 分享感受。

教师亲一亲每一个勇于钻"黑山洞"救"小动物"的幼儿，夸奖他们都是勇敢的孩子，然后引导幼儿说一说自己参与游戏活动的感受，体验做一个勇敢者的快乐。

1. 教师引领幼儿一边拍手，一边诵读儿歌《小勇士》(见"活动资源")，巩固幼儿的勇敢意识。

2. 可以组织幼儿进行夜间探险或露营活动，让幼儿在实践中体验黑暗并学会应对方法。

小勇士

窗帘摇呀摇，小熊在偷笑。

钟表唱叮咚，黑夜静悄悄。

数三颗星星，披风裹肩膀。

枕头藏勇气，我是小太阳。

二十三、不怕冷的大衣

 设计意图

冬天，由于气候寒冷，一些幼儿害怕受冻，害怕生病，不愿到户外活动。这种消极应对寒冷的状态，不利于幼儿的身体健康，也不利于幼儿心理品质的培养。教师通过对幼儿的心理疏导，减少幼儿对寒冷的畏惧；通过讲述故事《不怕冷的大衣》，让幼儿知道运动是战胜寒冷的最好办法，进而培养不怕寒冷的精神；同时带领幼儿到户外活动，感受冬天参加体育锻炼的益处，提高对寒冷气候的适应能力。

活动目标

1. 理解运动可以使人身体暖和。
2. 体验冬天户外活动的乐趣，愿意参与冬季体育锻炼。
3. 培养幼儿不怕寒冷的坚强意志。

活动准备

1. 知识经验准备：幼儿对冬天有所了解，知道冬天的天气，体验过冬天的寒冷。
2. 物质材料准备：冬天人们在户外工作的图片若干，沙包、皮球、垫子等户外活动材料，《不怕冷的大衣》故事 PPT。

 活动过程

1. 谈话导入。

教师讲述并提问：小朋友，现在是冬天，天气变冷了。你们怕不怕冷？怕冷是很正常的。可是，有些人就不怕冷。在这样北风呼呼、雪花飘飘的天气里，他们还在露天工作。他们都是谁呀？

在幼儿回答问题的基础上，教师出示相关图片并小结：交警叔叔在马路上指挥交通，环卫工人在大街上打扫清洁，邮递员为我们送来信件，还有好多爷爷奶奶在公园里锻炼。他们都在顶风冒雪干着自己的事情，他们都是不怕冷的人，都是勇敢的人。

2. 讲述故事。

教师讲述：他们为什么不怕冷呢？你们听我讲一个故事就知道答案了。

教师出示 PPT，讲述故事《不怕冷的大衣》（见"活动资源"）。

结合故事提问：在寒冷的冬天，"不怕冷的大衣"到底是什么？它穿在身上会怎样？

在幼儿回答问题的基础上，教师小结："不怕冷的大衣"就是运动，运动可以使我们身体产生热量，运动使我们出汗，这样，我们的身体就暖和了。那些在露天活动的人，不论是工作还是锻炼，身体都在运动，因此他们都不怕冷。小朋友，让我们都到房间外面去吧，去穿上"不怕冷的大衣"。

3. 户外活动。

（1）教师带领幼儿来到户外做准备活动：搓搓手，伸伸臂，踢踢腿，跺跺脚。让幼儿初步活动身体。

（2）教师引导幼儿自由选择活动内容，如在空地上跑、跳，在垫子上爬、滚，或者扔沙包、拍皮球，让幼儿充分活动身体。

（3）教师组织幼儿进行体育游戏活动，如"老鹰捉小鸡""老狼老狼几点钟"等，让幼儿体验户外活动的乐趣。

4. 畅谈体会。

教师带领幼儿回班，引导幼儿说一说户外活动前后自己的身体变化，回味冬天运动带来的益处和乐趣。

活动结束前，教师提醒幼儿冬天还是得注意一些保暖的事项，比如早晨来园时要戴手套、围围巾等。

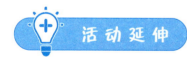

1. 在下雪的时候，教师带领幼儿在户外进行堆雪人、打雪仗的活动。

2. 与家长沟通教育目标，请家长在冬天休息日带孩子到户外进行运动，培养孩子积极参加体育锻炼的好习惯。

不怕冷的大衣（故事）

下雪了，又刮起了大风，天好冷啊！小白兔躲在被窝里睡懒觉。"我的小乖乖，快起来，快起来呀。"兔妈妈叫小白兔起床，可是小白兔它怎么也不肯起床。兔妈妈说："天也真冷，要是穿上姥姥家那件不怕冷的大衣，那就太好了，冻不着，还冒汗呢。"小兔听了觉得很奇怪，就从被窝里伸出小脑袋。"姥姥说过，不怕冷的大衣呀，谁来拿都不给，只有小外孙来拿才给呢。"兔妈妈说。小白兔听到后，一蹦就从被窝里蹦出来了，一口气穿上小棉袄、围上小围巾、戴上小绒帽。"妈妈，我到姥姥家去拿不怕冷的大衣。"风刮在脸上就像刀割似的那么疼。小兔想早一点拿到不怕冷的大衣，飞快地跑了起来，身上直冒汗，他把围巾帽子都拿了下来。来到姥姥家，小兔问："姥姥，不怕冷的大衣呢?"姥姥说："呵呵，小乖乖，你看你头上汗渍渍的，不怕冷的大衣不就穿在你身上吗?"原来，通过运动，我们的身体会变热，就不会那么冷了。

二十四、天线宝宝的家

设计意图

　　在日常生活中，有些幼儿没有收拾、整理物品的习惯。幼儿能够做到自己收拾、整理物品，说明他喜爱整洁，做事有条理，具备一定的生活自理能力。幼儿能够养成自己收拾、整理物品的良好习惯，对他将来的可持续发展有着重要意义。不仅要让幼儿懂得保持环境整洁的道理，还要让幼儿在学会分类的基础上进行实际操作，掌握方法。更重要的是要在日常生活中给予幼儿督导，促使幼儿"变习惯成自然"，让他们终身受益。

活动目标

　　1. 理解保持环境整洁的重要性。
　　2. 学会收拾、整理玩具和用具，并做到物归原处。
　　3. 培养良好的生活习惯，提高生活自理能力。

活动准备

　　1. 知识经验准备：幼儿有收拾自己玩具的经验。
　　2. 物质材料准备：各种各样的玩具和用具若干、玩具柜和用具柜各 1 个，故事《天线宝宝的家》PPT。

活动过程

　　1. 讲述故事，导入活动。讲述《天线宝宝的家》故事，引发幼儿对整洁环境的思考。
　　(1)教师出示 PPT，讲述故事《天线宝宝的家》(见"活动资源")。
　　(2)教师请幼儿结合故事讨论：天线宝宝家的变化，以及为什么小伙伴们愿意和他做朋友。
　　(3)教师参与幼儿的讨论，并引导幼儿小结：一个人要爱整洁，要会收拾、整理物品，养成良好的习惯，别人才会喜欢你，和你做朋友。

2. 观看画页，交流看法。

（1）教师请幼儿观察 PPT 当中的图片，观察天线宝宝的两个家：一个家里的床上、桌上、椅子上、地上，到处都是他的玩具和书，但玩具柜和书架里都是空的；地上还有玻璃杯的碎片和香蕉皮。

另一个家里的床上、桌上、椅子上、地上，到处都干干净净，玩具柜上的玩具和书架上的书籍都摆放得整整齐齐。

（2）教师提问：你们喜欢天线宝宝的哪个家？为什么？（幼儿根据自己的理解表达看法）

教师归纳：我们每个人都喜欢整洁的环境，处在良好的环境里，人就感到舒畅，无论是玩耍，还是学习、工作，都能体验到快乐。

3. 实际操作，巩固认知。展示两个不同状态的天线宝宝家（整洁与杂乱），引导幼儿观察并表达喜好。

强调整洁环境给人带来的舒适感，以及杂乱环境可能带来的不便。

（1）教师导语：小朋友现在都知道我们应该爱整洁，要学会收拾、整理物品。我们无论是玩了玩具，还是用了用具，都要把它们送"回家"，做到物归原处。也就是说要让它们各回各的位置，玩具回到玩具柜里，用具回到用具柜里。这就需要我们先学会分清哪是玩具，哪是用具。

（2）教师提问：什么是玩具，什么是用具？幼儿根据自己的理解回答问题。

教师小结：供我们游戏、娱乐的东西是玩具，如布娃娃、积木、小皮球和小汽车等；供我们学习、使用的东西是用具，如铅笔、橡皮、剪刀和彩纸等。

（3）教师引导幼儿进行"送它们回家"的游戏，将玩具和用具分类，然后把他们物归原处。

①教师讲解游戏规则：教师将班上的一些玩具和用具混放在一起，请幼儿分别说出它们的名称和用途，然后分组请幼儿把它们送"回家"。看一看哪一组小朋友在最短的时间内将物品分类送"回家"，就获得胜利。

②教师组织幼儿根据游戏规则进行游戏，提示幼儿分清类别，找准位置，轻拿轻放，物归原处。

1. 鼓励幼儿回家继续练习玩具和用具的分类，并自觉收拾、整理自己的玩具和用具。

2. 在幼儿园每次活动完毕后，督导幼儿将玩具、用具收拾整理好，放回原处。

天线宝宝的家（故事）

"咕噜噜——"彩色皮球从玩具山上滚下来，波波伸出天线小手去够，却被倒下来的积木塔埋住了半个身子。阳光从彩虹屋顶漏进来，照在歪歪扭扭的饼干罐、挂在灯罩上的红袜子和挤在窗台的十三个毛绒玩具上。

波波揉着撞红的额头打开门，小兔子露露抱着胡萝卜蛋糕后退两步："妈妈说不能在杂物堆里玩，会迷路的。"小企鹅团团盯着门后探出来的玩具挖掘机铲斗："这里好像建筑工地哦。"波波的天线慢慢耷拉下来，生日帽上的小铃铛发出孤单的叮当声。

月光给玩具山投下怪兽似的影子时，波波突然听见细小的喷嚏声。会说话的小扫帚从床底钻出来，金穗子头发上沾着棉花糖丝："让我们来玩打扫游戏吧！"它挥舞着扫把腿画了个星星，吸尘器吐出云朵把玩具送回柜子，魔法拖把跳着圆圈舞把地板擦得亮晶晶。

当朝阳给窗台上的多肉植物戴上金冠，波波惊奇地看着彩虹窗帘在晨风里舒展。小汽车在透明盒子里排队打盹，蜡笔们在鲸鱼笔筒吐出的彩虹泡泡中漂浮，苹果形状的蜡烛在茶几上散发甜甜的香气。

"叮咚！"门铃响起欢快的交响曲。露露的粉耳朵从花束后探出来："这是会开花的客厅吗？"团团盯着墙上会动的海洋贴纸："快看！小丑鱼在吐泡泡！"波波的天线绽放出彩虹光，小扫帚躲在花瓶后偷笑，把最后一块饼干屑扫进了星星形状的收纳盒。

整理干净的家终于迎来了他们的小客人。

二十五、防治蚊蝇

  设计意图

夏天到来了，讨厌的蚊子、苍蝇也日益渐多，这实在是令人头痛的事情。不时有幼儿被蚊子叮咬，也有幼儿吃了苍蝇爬过的食物就开始拉肚子。蚊子、苍蝇给我们的健康带来了很大的威胁。通过本次活动，教师帮助幼儿知道蚊子、苍蝇的危害，了解防治蚊子、苍蝇的诸多方法，做到自觉保持环境卫生，减少蚊子、苍蝇给自己带来的病痛。

活动目标

1. 了解蚊子、苍蝇的危害及其对人们身体健康的影响。
2. 掌握防治蚊子、苍蝇的基本方法。
3. 懂得保持环境卫生的重要性，增强维护健康的意识。

活动准备

1. 知识经验准备：幼儿在平时生活中见过蚊子、苍蝇，对其有一定了解。
2. 物质材料准备：绳子1根、蚊子、苍蝇的图片(拴线)若干、蝇拍若干。

  活动过程

1. 导入活动内容。

(1)教师引导幼儿进行猜谜活动。

①谜面一：空中一队兵，哼哼不出声，棍棒都不怕，就怕烟火熏。(打一昆虫)

②谜面二：样子像蜜蜂，整天嗡嗡嗡，专去脏地方，浑身带病菌。(打一昆虫)

(2)教师引导幼儿分别猜出谜底：蚊子、苍蝇。

(3)教师导语：小朋友真聪明！一下就把谜语猜出来了。今天我们就一起来讨论关于蚊子和苍蝇的问题。

2. 了解蚊子、苍蝇的危害。

(1)教师提问：你们喜欢蚊子、苍蝇吗？(不喜欢)其实呀，蚊子、苍蝇自己也知道我们不喜欢它们。老师给你们讲一个故事，听听蚊子、苍蝇是怎么说的。

（2）教师讲述《蚊子和苍蝇》的故事，教师结合故事提问：人们为什么讨厌蚊子、苍蝇呢？蚊子和苍蝇为什么那样肮脏呢？它们的肮脏与我们有什么关系呢？（幼儿根据已有经验交流表述）

在幼儿交流表述的基础上，教师补充讲解：蚊子、苍蝇本身就非常肮脏，因为它们喜欢聚集在垃圾堆、厕所、脏水坑等这些肮脏的地方，所以它们身上都带有各种不同的病菌和病毒。如果我们被蚊子叮咬，就可能被传染上登革热、疟疾、黄热病、流行性乙型脑炎、丝虫病等疾病；如果我们吃了被苍蝇爬过的食物，就可能被传染上霍乱、痢疾、肠炎、肺结核、脊髓皮炎（小儿麻痹症）、伤寒、肝炎、蝇蛆病等疾病。蚊子和苍蝇是危害我们身体健康的大敌。

3. 讨论避免蚊子、苍蝇危害的办法。

（1）教师导语：我们应该怎样避免蚊子、苍蝇的危害呢？请大家说一说有哪些办法。

（2）教师引导幼儿根据已有经验交流讨论，并和幼儿一起归纳：

①清除蚊子和苍蝇的滋生场所，不让它们有藏身之处。

②不乱倒垃圾、不乱泼污水，保持环境的卫生，避免招引蚊子和苍蝇。

③安装纱门、纱窗、纱橱，隔绝蚊子、苍蝇的侵入。

④用蚊香、蝇拍、杀虫剂、驱蚊器等方式灭杀、驱赶蚊子、苍蝇。

⑤保护蚊子的天敌如蜻蜓、青蛙、蜘蛛、壁虎、蝙蝠等动物。

⑥被蚊子叮咬后，立即喷搽花露水或其他防治虫咬的药膏。

⑦不吃被苍蝇爬过的食物。

（3）请幼儿观察 PPT 图片，看图讨论：画面中各小朋友的行为是对还是错。

4. 进行拍打"蚊子""苍蝇"的游戏。

教师用绳子将蚊子和苍蝇的图片吊在一定的高处，让幼儿手拿蝇拍跳起来去打"蚊子""苍蝇"，比比看谁打得多。

1. 鼓励幼儿在家中实践所学的防治蚊蝇方法，并观察效果。

2. 开展"小小卫生员"活动，让幼儿轮流值日，负责班级卫生，培养幼儿的责任感。

二十六、爸爸妈妈不在家

 设计意图

随着社会的发展,人们的工作节奏加快,幼儿的家长们往往忙于加班、应酬,孩子在家独处的时间越来越多,而孩子独处的过程又与幼儿的安全息息相关。"你独自一个人在家里害怕吗?"每每问及幼儿这个问题,很多幼儿都会连连点头称是。是呀,在许多幼儿的心目中,一个人在家多吓人呀,多可怕呀,也许还有童话中的妖怪、魔鬼、大灰狼会出现呢。再加上成人的一些不当恐吓,如"不听话就把你一个人留在家里"等,幼儿害怕独处也就不奇怪了。"爸爸妈妈不在家"这个活动就是帮助幼儿正确认识独处,并能用各种方法去克服害怕独处的心理障碍,学习运用迁移、变通的方法排解害怕的心理,培养勇敢精神。

活动目标

1. 克服对独处的恐惧心理,培养勇敢精神。
2. 掌握独处时应对不同情况的方法。
3. 增强安全防范和自我保护意识。

活动准备

物质材料准备:《妈妈不在家》故事 PPT。

 活动过程

1. 导入活动。

(1)教师讲述《妈妈不在家》的故事(见"活动资源"),请幼儿一边观看 PPT 相关页面,一边听故事。

(2)教师结合故事提问:小兔为什么害怕?(他一个人在家)你们谁愿意帮助小兔,让他不害怕呀?(激起幼儿帮助小兔的欲望)

2. 师幼交流。

(1)教师请幼儿想一想：一个人在家的时候，家里会有什么危险吗？(幼儿根据回忆家里的情形回答问题)

教师接着讲述：对呀，家里没有什么可怕的东西，只要我们不动那些不熟悉的带电、带火的东西(电插座、煤气开关)，就不会出什么危险。但是，明知没有危险，由于一个人独处，没人陪伴，内心难免还是有点害怕。请大家想一想，用什么办法克服这种害怕心理。

(2)教师对幼儿进行疏导，请幼儿说说自己平时在家里做些什么事，觉得很高兴。由此引导幼儿继续讨论，提出自己的见解。

(3)教师归纳如下方法：

①看看电视里的动画片，就不会害怕。

②唱唱自己觉得好听的歌，就不会害怕。

③玩玩平时喜欢的玩具，就不会害怕。

④想想老师讲过的有趣故事，就不会害怕。

总之，在一个人独处的时候，让动画片陪伴你，让歌声陪伴你，让玩具陪伴你，让故事陪伴你，你就不会感到孤独，不会感到害怕。

3. 情景应对。

(1)教师导语：一般来讲，我们通过自我心理调节，一个人独处并不害怕。但是难免出现意外，这就需要我们勇敢地去面对。

(2)教师设置情景，引导幼儿讨论应对的方法：

①有陌生人敲门，说是找爸爸的。

——不开门。告诉陌生人爸爸不在家，让他直接打电话与爸爸联系。

②洗手间自来水管突然破裂。

——给爸爸妈妈打电话，叫他们快点回来处理；或者直接拨打110，请求帮助。

③晚上，家里突然停电了。

——抱一个布绒娃娃，上床睡觉。

4. 教师小结。

教师对积极动脑筋发表意见的幼儿提出表扬，鼓励每个幼儿做聪明、勇敢的好孩子。

活动延伸

与幼儿家长沟通，帮助幼儿记住爸爸妈妈的手机号码。

鼓励幼儿在家中实践所学的应对方法，并与家长分享实践经验。

开展"小小安全员"活动，让幼儿轮流担任班级安全员，负责班级的安全工作，培养幼儿的责任感。

妈妈不在家（故事）

小兔子的长耳朵耷拉成蝴蝶结形状，爪爪紧紧揪着蒲公英绒毛小毯。妈妈要去给生病的小鹿阿姨送药，这是第一次留他独自看家。

"当月亮走到松树第三根枝丫，妈妈就会回来。"兔妈妈把蒲公英钟摆在窗台，绒球里藏着会发光的萤火虫，"每过一小时，就会飘走一颗小星星。"

"咔嗒"——木门合上的声音让蘑菇屋突然变得好大。小兔子把三个胡萝卜抱枕垒成城堡，可当北风挠窗棂时，城堡"噗"地塌成了小土堆。

"簌簌……簌簌……"墙根传来可疑的响动。小兔子举着玩具木剑靠近，发现是松鼠在偷埋橡果。"妈妈说储存粮食要光明正大！"他鼓起勇气喊出声，松鼠红着脸递来一颗裹着蜜糖的松子。

月亮刚爬上第二根松枝，阁楼传来"咚咚"的敲打声。小兔子头顶铁锅爬上楼梯，撞见刺猬在修漏雨的屋顶。"我……我来帮忙递木板！"他踮着脚搬运时，发现尾巴尖不知何时翘成了勇敢的旗子。

当第三颗萤火虫快要飘出蒲公英时，门外突然响起沉重的脚步声。小兔子把全部枕头堵在门口，却听到啄木鸟医生的声音："好孩子快开门，你妈妈扭伤了脚。"

月光小路上，小兔子推着榛果轮椅跑得比风还快。妈妈把他搂进带着药草香的怀里："宝贝你看，担心会变成勇气，孤单会变成星光。"他们头顶的夜空里，飘走的萤火虫正化作新的星座。

二十七、预防接种保健康

设 计 意 图

　　预防接种是幼儿这个生长阶段经历较多，也让幼儿害怕的事情。进行"预防接种保健康"的活动，旨在使幼儿能正确对待预防接种，真切认识到预防接种可以帮助我们预防多种传染病，使幼儿消除对打针的恐惧心理，做到勇敢、积极地对待预防接种。

活 动 目 标

　　1. 了解预防接种的重要性。
　　2. 乐意并勇敢地接受预防接种。
　　3. 认识并掌握打预防针前后的注意事项。

活 动 准 备

　　1. 知识经验准备：幼儿有过接种疫苗的经历。请幼儿在活动前和家长一起收集有关预防接种的资料，了解预防接种的原理和作用。
　　2. 物质材料准备：有关疫苗常识的 PPT，模拟接种玩具，奖励贴纸等。

活 动 过 程

　　1. 提出问题，引出预防接种疫苗的话题。
　　(1)教师提问：小朋友，你们都打过预防针了吗？谁能说一说打预防针的感觉呢？疼不疼？怕不怕？（幼儿回忆交流表述）
　　(2)教师讲述：有的小朋友打预防针的时候不怕疼，真是个勇敢的好孩子；有的小朋友虽然怕疼，但还是打了预防针，也是个勇敢的好孩子。
　　2. 观看 PPT 图画，学习有关疫苗的基本常识。
　　(1)教师请幼儿观察 PPT 相关画页，提问：谁能说一说画面表达了什么意思？为什么我们要打预防针呢？（幼儿根据观察画面和自己的理解自由表述）
　　在幼儿表述的基础上，教师补充讲解：画面上的医生阿姨准备给小朋友打预防针，那些病菌、病毒害怕得不得了，吓得四处逃命。这说明我们打预防针可以预防疾病。

（2）教师再次提问：我们打预防针注射进去的是什么？那些病菌、病毒为什么会害怕？（幼儿根据收集的资料交流表述）

在幼儿表述的基础上，教师讲解：我们打预防针，注射进去的是疫苗，疫苗是和某种疾病的病菌或者病毒类似的一种物质，比如毒性减弱的病菌或者通过基因工程生产的抗原，它们不会让人体染病，但能让免疫系统对它有反应，产生抗体。以后真的病菌或者病毒入侵的时候，因为抗体存在，我们就不会得病了。

教师接着介绍，打不同的预防针，就是接种不同的疫苗，可以预防不同的疾病。如卡介苗可以预防结核病；百白破制剂可以预防百日咳、白喉、破伤风；麻疹疫苗可以预防麻疹；甲流疫苗可以预防甲型 H1N1 流感。所以我们要勇敢地打预防针。还有一种是吃的疫苗，就是脊髓灰质炎灭活疫苗糖丸，可以预防脊髓灰质炎。一般来讲，小朋友在出生 2 个月后就服用了。

（3）教师带领幼儿诵读并记忆儿歌《预防接种保健康》，巩固已获得的认知。

3. 集体讨论，交流打预防针时要注意的事项。

教师以"打预防针时要注意什么"为话题，请幼儿根据自己收集的资料交流讨论。在幼儿交流讨论的基础上，教师结合 PPT 相关页面归纳：

（1）打预防针前的注意事项。

①要防止伤风感冒，否则不宜打百白破制剂。

②要洗澡或洗胳膊，保持皮肤清洁。

③要注意不能空肚子打针，以免晕针。

④要勇敢地伸出胳膊，不怕疼痛。

（2）打预防针后的注意事项。

①打针部位发痒时不要用手抓，以免感染。

②注意适当休息，不要做剧烈的活动。

③内衣要勤换、勤洗，要保持打针部位皮肤的清洁卫生（暂时不要洗澡）。

④不吃有刺激性的食物，多喝开水。

活动延伸

1. 建立"健康角"，投放若干肌肉注射一类的医疗玩具，引导幼儿进行"打预防针"的情景游戏活动。

2. 鼓励幼儿勇敢地参加接种疫苗，预防疾病。

设立"健康小卫士"角色，鼓励幼儿在日常生活中向其他小朋友宣传预防接种的好处。

在"健康角"投放更多关于预防接种的书籍和玩具，供幼儿随时查阅和玩耍。

邀请医生或护士来园进行预防接种知识的讲座和现场演示，增强幼儿对预防接种的信任感和安全感。

二十八、吹吹吹

设计意图

　　在体育锻炼中，我们对幼儿的运动频率、呼吸频率、心跳频率进行测评和研究，其目的是验证幼儿在体育活动中各项体育活动或体育游戏的设计是否起到了帮助幼儿锻炼身体的作用。在测评和研究中，我们发现幼儿肺活量的锻炼是我们容易忽视的部分。在本活动中，幼儿通过的吹气球比赛、吹折纸青蛙比赛等有趣的游戏，锻炼幼儿的肺活量，提高幼儿的肺活力，同时培养幼儿在活动中的合作意识。

活动目标

　　1. 积极参与体育游戏，享受运动的乐趣。

　　2. 有效提升肺活量，培养敢于挑战自我的精神。

　　3. 遵守游戏规则，与同伴共同完成游戏任务。

活动准备

　　1. 知识经验准备：幼儿在平时生活中有吹泡泡的经验。

　　2. 物质材料准备：(1)吹泡泡工具若干、气球若干(每名幼儿1只)、绿色正方形的纸若干(每名幼儿1张)、绳子1根、羽毛1根。(2)桌子拼接成3米距离，用红笔在每组桌子一端画好起点线，另一端画好终点线。

活动过程

1. 热身活动。

　　(1)吹泡泡。

　　①教师带领幼儿列队走圆圈，同时念儿歌《吹泡泡》：吹泡泡，吹泡泡，吹成一个大泡泡。

　　②幼儿四散站在圆圈内，教师吹泡泡，幼儿努力将教师吹出的泡泡向上吹，不让泡泡落下来。

③幼儿两人一组，一人拿吹泡泡工具吹泡泡，另一人努力将同伴吹出的泡泡向上吹，不让泡泡落下来。游戏若干次后两人交换角色。

（2）吹气球。

教师发给幼儿每人一只气球，在教师规定的时间内，看谁吹的气球大。

2. 游戏活动。

游戏一：吹折纸青蛙比赛

（1）学折青蛙。

①教师用一张绿色正方形的纸示范讲解青蛙折纸的步骤和方法。

②教师发给每个幼儿一张绿色正方形的纸，按照教师的步骤和方法折叠青蛙。

③教师巡回指导，帮助能力较弱的幼儿跟着教师一步一步跟折，完成纸折青蛙。

（2）分散练习。

幼儿自由结伴，每人将一只纸折小青蛙放在桌上，用嘴吹它前进，比比谁的青蛙跳得远。

（3）集体游戏。

①教师讲解吹折纸青蛙比赛游戏玩法和规则：幼儿5人一组，分成若干小组，每组一只折纸小青蛙，放置在桌上起点线上（桌子拼接成3米距离，教师活动前用红笔在每组桌子一端画好起点线，另一端画好终点线），每组幼儿合作一起吹小青蛙，使其跳到桌子的另一端终点线，比一比哪组的折纸小青蛙先到达桌子另一端终点线，先到达终点线的一组获胜。

②幼儿自由分组，听老师发出开始命令，开始游戏，游戏3~4次。

③教师及时小结，引导幼儿发现合作游戏的方法，合作一起吹青蛙时，大家同时呼气，再朝一个方向吹气，速度会很快。

④教师给获奖小组发小红花鼓励。

游戏二：吹羽毛比赛

①教师出示羽毛，并示范吹羽毛，引起幼儿兴趣。

②教师讲解吹羽毛比赛游戏规则：场地中间用一根绳子系好离地1米，将场地分成两部分，幼儿分成两队，各站场地一部分，教师站在中间手拿羽毛，教师松开手中的羽毛，比赛就开始，各队幼儿吹羽毛，将羽毛吹向另一队场地，吹的过程中幼儿的手和身体不能碰羽毛，羽毛不能落地，各队幼儿可轮流接力吹，不限吹的次数，同时羽毛要从场地中间的绳子上经过，然后吹到对方场地，不能从绳子下方经过，羽毛落到哪队的场地上，哪队就输了。

③幼儿分成两队开始游戏，教师在活动中及时小结，鼓励幼儿合作游戏，强调游戏规则。

④教师给获奖小组发小红花鼓励。

3. 放松活动。

（1）教师示范念儿歌《大家来说 aoe》，提请幼儿观察教师在念这首儿歌时的面部表

情有什么不同？（引导幼儿发现念儿歌时教师的嘴型夸张）

（2）教师引导幼儿学念儿歌《大家来说 aoe》，通过夸张的嘴形变化，放松嘴部肌肉。

将吹的难度进一步提高，如开展吹蜡烛比赛：点三四支蜡烛，排成竖排，幼儿站在一端，轮流吹蜡烛，看谁一口气吹灭的蜡烛最多。

大　班

一、我爱吃粗粮

设计意图

粗粮也叫杂粮，富含各种营养成分，有益于人体健康，我们提倡适当地吃一些粗粮食品。但是，让孩子把粗粮食品当作点心吃一点，他们倒还乐意，如果让他们多吃一点粗粮食品，有的孩子就不干了。鉴于这种情形，教师通过这次活动，引导幼儿认识一些粗粮，了解粗粮食品的营养，知道多吃粗粮有益健康，从而愿意多吃粗粮食品，促进营养平衡、身体健康。

活动目标

1. 了解一些粗粮以及用粗粮制作的食品，知道粗粮的营养价值及对身体健康的作用。
2. 在日常饮食中能够主动吃一些粗粮食品。
3. 树立健康饮食意识，乐意多吃粗粮食品。

活动准备

1. 知识经验准备：幼儿已有进食粗粮食品的经验，请幼儿事先和家长一起收集有关粗粮食品的资料。
2. 物资材料准备：各种粗粮的PPT，准备几种以粗粮为主制作的食品，如小米糕、玉米粒、高粱窝窝头、荞麦馒头、红薯块、赤豆泥等。

活动过程

1. 观察PPT，认识几种粗粮。

(1)教师请幼儿观察PPT上的几种粗粮。

(2)教师提问：小朋友们，你们认识这些粮食吗？这些粮食叫什么名称？（幼儿自由讲述）

在幼儿讲述的基础上，教师补充讲解：我们在画面上看到的是小米、玉米、高粱、荞麦、红薯、赤豆。我们把大米、面粉称为细粮，把大米、面粉以外的这些粮食称为粗粮，或者是杂粮。

2. 交流讲述，了解粗粮的营养价值。

(1)请幼儿根据收集的资料交流进食粗粮食品的好处，鼓励幼儿大胆发言，与同伴共享资源。

(2)在幼儿交流讲述的基础上，教师小结：这些粗粮食品都含有丰富的营养，有的营养元素比大米、面粉还高，有的营养元素是大米和面粉没有的；这些粗粮食品不仅可以供给我们人体营养还有防病、治病的功效。

3. 品尝讲述，了解粗粮制作的食品。

(1)教师出示几种用粗粮制作的食品(包含小米糕、玉米粒、高粱窝窝头、荞麦馒头、红薯块、赤豆泥等)，请幼儿品尝。

(2)教师引导幼儿各自表述品尝粗粮食品的体验。

(3)教师请幼儿说一说还吃过哪些粗粮食品，教师根据幼儿列举自己吃的粗粮食品梳理归纳：

①以小米为主做的食品有小米粥(加大米)、小米糕(加大米)、小米粉窝头(加豆粉、奶油、鸡蛋)……

②以玉米为主做的食品有玉米粥(加大米)、玉米糕(加面粉)、玉米馒头和饺子(加面粉)、玉米饼(加豆粉)……

③以高粱为主做的食品有高粱粥(加大米)、高粱窝窝头(加面粉)、高粱饼(加面粉、鸡蛋)……

④以荞麦为主做的食品有荞麦面、荞麦馒头、荞麦包子、荞麦面包、荞麦饺子(均加面粉)……

⑤以红薯为主做的食品有红薯块、红薯片、红薯条、红薯发糕(加面粉)、红薯烧饼(加面粉)、红薯粉条(加大米)、红薯蛋饭(加大米、鸡蛋)……

⑥以赤豆为主做的食品有赤豆汤、赤豆沙、赤豆粥(加大米)、赤豆糕(加大米)、赤豆饼(加面粉)……

(4)教师提问：你们愿意经常吃粗粮食品吗？(幼儿各自发表看法)

教师小结：粗粮可以做成各种各样、味道可口的食品。我们偶尔吃一点觉得很好吃，可是要天天吃这些东西，恐怕小朋友就不太乐意了。因为这些用粗粮与大米和面粉做的食品相比，口感毕竟差一些。但是，这些粗粮含有人体需要的一些营养成分，而且能够帮助我们预防疾病，我们还是应该适当多吃一些粗粮食品。俗话说"多吃粗粮，营养健康"，多吃粗粮食品有利于我们的营养平衡、身体健康。

"谁知盘中餐，粒粒皆辛苦"任何粮食都是农民伯伯用辛勤的汗水换来的，我们一定不能浪费粮食，养成珍惜粮食的优良传统美德，日常生活中我们吃多少取多少，尤其不能浪费不喜欢吃的粗粮食品。

请家长在日常饮食方面适当安排幼儿多吃一些粗粮食品，以有利于幼儿的营养平衡，促进幼儿的健康发育；幼儿园的每周食谱中适当安排粗粮食品，幼儿在幼儿园用餐时主动食用粗粮食品。

"粗粮"是相对于大米、白面等"细粮"而言的一种称呼，主要包括谷物类（如玉米、高粱、小米、荞麦、燕麦、莜麦等）、杂豆类（如黄豆、青豆、赤豆、绿豆等）和块茎类（如红薯、山药、马铃薯等）三大类。

粗粮含有丰富的不可溶性纤维素，有利于保障消化系统正常运转。它与可溶性纤维协同工作，可降低血液中低密度胆固醇和甘油三酯的浓度；增加食物在胃里的停留时间，延迟饭后葡萄糖吸收的速度，降低高血压、糖尿病、肥胖症和心脑血管疾病的风险。医学研究还表明，纤维素有助于抵抗胃癌、肠癌、乳腺癌、溃疡性肠炎等多种疾病。但是对于粗粮，我们既要吃，又不宜吃多，因为过食粗粮也有坏处。以 25 岁至 35 岁的人群为例，过量食"粗"的话，会影响人体机能对蛋白质、无机盐以及某些微量元素的吸收，甚至还会影响人体的生殖能力。

正确吃粗粮的 3 个方法：

1. 吃粗粮及时多喝水：粗粮中的纤维素需要有充足的水分做后盾，才能保障肠道的正常工作。一般多吃 1 倍纤维素，就要多喝 1 倍水。

2. 循序渐进吃粗粮：突然增加或减少粗粮的进食量，会引起肠道反应。对于平时以肉食为主的人来说，为了帮助肠道适应，增加粗粮的进食量时，应该循序渐进，不可操之过急。

3. 搭配荤菜吃粗粮：当我们每天制作食物时，除了顾及口味嗜好，还应该考虑荤素搭配，平衡膳食。每天粗粮的摄入量以 30～60 克为宜，但也应根据个人情况适当调整。

二、我的眼睛

设计意图

幼儿常常出现近视、弱视、斜视的问题，这是由于幼儿在日常的阅读、绘画、看电视等活动中不注意保护眼睛。对此，家长和老师应引起高度重视，否则，将严重影响幼儿将来的持续学习和发展。教师通过引导幼儿进行体验活动，帮助幼儿认识保护眼睛的重要性，并向幼儿介绍几种保护眼睛的方法，指导幼儿学习眼保健操，使自己拥有一双明亮的眼睛。

活动目标

1. 体会眼睛在日常学习、生活中的重要作用，知道不良用眼会伤害眼睛。
2. 能用正确的方法保护眼睛，并坚持每天做眼保健操。
3. 乐于保护自己的眼睛，树立眼保健意识。

活动准备

1. 知识经验准备：幼儿在平时生活中见过戴眼镜的人，知道眼睛会近视，有初步保护眼睛的意识。
2. 物资材料准备：纱巾若干（每个幼儿自带），脸形图片若干（与幼儿数相同），壁挂式眼保健操图 1 幅。

活动过程

1. 教师组织幼儿进行体验活动，让幼儿感受眼睛的重要。

（1）幼儿用事先准备好的纱巾蒙住眼睛，用笔在脸形图片上画上眼睛、鼻子、嘴巴，然后让幼儿打开纱巾看看自己画得结果如何。

（2）选出一部分幼儿，两人一组，其中一个幼儿用纱巾蒙上眼睛，另一个幼儿牵着他在活动室里走一段路，然后让蒙上眼睛的幼儿说说自己的感受如何。

（3）教师就刚才的体验活动进行小结：眼睛在我们每个人的学习、生活中都非常重要，眼睛受伤、近视或失明都会给我们带来极大的不便。

2. 教师引导幼儿对盲人的处境进行交流讨论，激发幼儿对残疾人的同情心。

（1）老师讲述提问：小朋友刚才已经感受到没有眼睛的不方便了。不过你们只体验了几分钟，有一种人要一辈子都看不见东西，你们知道他们是谁吗？他们承受着什么样的痛苦？

在幼儿交流讨论的基础上，教师小结：他们眼睛失明，看不见太阳，看不见月亮，看不见青山绿水，看不见红花绿叶，不能看路行走，不能看书写字，不能看电影、看电视、看文艺演出，他们的眼前是一片黑暗。

（2）教师讲述并提问：现在社会越来越进步，社会给予了盲人许多关爱，大马路上铺设了盲道，人民币上有盲文，就连电脑也开发出了适合盲人使用的软件。小朋友，你们愿意帮助盲人吗？你们能为他们做些什么？

在幼儿交流讨论的基础上，教师小结：日常生活中我们要关心关爱、乐于帮助盲人，为他们做一些力所能及的事情。比如可以领着他们过马路；在公共汽车上，可以为他们让座；可以陪他们一起看电视，为他们讲解电视内容，等等。只要人人都献出一点爱，世界将变成美好的人间。

3. 教师帮助幼儿了解不正确的用眼行为会导致眼睛损坏，学习保护眼睛的方法。

（1）教师给幼儿讲述《眼睛和鼻梁》的故事，结合故事提问："明明为什么会戴上眼镜呀？""眼镜和鼻梁为什么吵架？最后发生了什么事情？"

在幼儿交流讨论的基础上，教师小结：由于明明平时不爱护眼睛，得了近视眼才戴上眼镜的。眼镜戴在鼻梁上很不舒服，所以鼻梁找眼镜吵架。最后鼻梁使坏，使眼镜摔坏了，明明什么也看不见了。

（2）教师讲述并提问：平时，有些小朋友的做法不利于保护眼睛，有的像明明一样成了近视，有的成了弱视或斜视，还有的得了沙眼和红眼病，那么哪些做法会损害眼睛呢？

在幼儿交流讨论的基础上，教师小结：

①看书、写字和画画时的环境不适宜，姿势不正确。如有的在光线太暗或太强的地方看书、画画，有的趴在地板上看书，有的躺在沙发或床上看书，有的歪着脑袋或斜着眼睛看书，有的趴在桌上画画，等等。这些做法都可能导致眼睛的近视、弱视或斜视。

②眼睛距离所看的东西太近。如看书、写字和画画时，眼睛过于接近纸面，看电视眼睛过于接近屏幕，等等，这些做法都可能导致视力下降。

③用眼时间过长，长时间看电视、玩电脑也会使视力下降。

④不注意保护眼睛的清洁卫生。如有的经常哭闹，流泪太多，容易沾染灰尘，有的用脏手或不干净的东西擦眼睛，会使眼睛发炎，等等。这些做法都可能导致得沙眼或红眼病。

⑤做可能伤害眼睛的动作或游戏。如有的拿尖利或坚硬的东西互相挑逗、追打，容易误伤眼睛。

（3）教师讲述并提问：我们一定要保护好自己的眼睛，使自己拥有一双明亮的眼睛。那么，怎样才能保护好我们的眼睛呢？

在幼儿交流讨论的基础上，教师小结：

①看书、写字和画画时的光线不要太暗或太强，身子要坐正，不要趴着或躺着看书，不要趴着写字、画画。

②写字、画画要做到"三个一"，眼睛离纸一尺，手离纸一寸，胸离桌一拳；看电视时，眼离屏幕 2 米以上。

③不要长时间过度用眼，特别是不要长时间看电视、玩电脑。看书、写字和画画时间长了，应该休息，多看窗外远处绿色的山水和植物。

④注意保持眼睛的卫生，不要随意哭闹，流泪过后要及时擦洗干净，不用脏手或不干净的东西擦眼睛。

⑤不做可能损伤眼睛的危险活动和游戏。

⑥得了眼睛疾病要及时治疗，尽早使眼睛恢复健康。

⑦学习、坚持做眼保健操，放松眼部肌肉，促进眼部血液循环使眼部得到充分的休息。

（4）教师引领幼儿根据挂图学做眼保健操（见"活动资源"），注意姿势要正确，动作要规范。

1. 一日生活中幼儿坚持每天做眼保健操。

2. 与家长进行沟通，请家长在家关注幼儿保护眼睛的行为，如发现幼儿出现眼睛疾病症状应及时到医院治疗。

眼保健操（动作说明）

眼保健操是根据祖国医学推拿、经络理论，结合体育医疗综合而成的按摩法。它通过对眼部周围穴位的按摩，使眼内气血通畅，改善神经营养，以达到消除睫状肌紧张或痉挛的目的。实践表明，眼保健操同用眼卫生相结合，可以控制近视眼的新发病例，起到保护视力、防治近视的作用。眼保健操必须经常操练，做到动作准确，并持之以恒。一般每天可做两次，上下午各一次。

第一节：按揉攒竹穴

用双手大拇指螺纹面分别按在两侧穴位上，其余手指自然放松，指尖抵在前额上。随音乐口令有节奏地按揉穴位，每拍一圈，做四个八拍。

第二节：按压睛明穴

用双手食指螺纹面分别按在两侧穴位上，其余手指自然放松、握起，呈空心拳状。随音乐口令有节奏地上下按压穴位，每拍一次，做四个八拍。

第三节：按揉四白穴

用双手食指螺纹面分别按在两侧穴位上，大拇指抵在下颌凹陷处，其余手指自然放松、握起，呈空心拳状。随音乐口令有节奏地按揉穴位，每拍一圈，做四个八拍。

第四节：按揉太阳穴，刮上眼眶

用双手大拇指的螺纹面分别按在两侧太阳穴上，其余手指自然放松，弯曲。伴随音乐口令，先用大拇指按揉太阳穴，每拍一圈，揉四圈。然后，大拇指不动，用双手食指的第二个关节内侧，稍加用力从眉头刮至眉梢，两个节拍刮一次，连刮两次。如此交替，做四个八拍。

第五节：按揉风池穴

用双手食指和中指的螺纹面分别按在两侧穴位上，其余三指自然放松。随音乐口令有节奏地按揉穴位，每拍一圈，做四个八拍。

第六节：揉捏耳垂，脚趾抓地

用双手大拇指和食指的螺纹面捏住耳垂正中的眼穴，其余三指自然并拢弯曲。伴随音乐口令，用大拇指和食指有节奏地揉捏穴位，同时用双脚全部脚趾做抓地运动，每拍一次，做四个八拍。

三、我会整理床铺

设计意图

每天午睡起床之后，孩子们的衣服和鞋子都穿好了，床上的被子却散成一团。有的孩子疯疯闹闹，有的孩子看着被子发呆，老师则弯着腰叠被子、整理床铺。这是由于有些孩子自我服务的意识不强、自理能力差造成的状况。为了让幼儿提高生活能力，教师通过本次生活活动，引导幼儿认识到自己的事情应该自己做，从而愿意学习叠被子、整理床铺，养成良好的生活习惯。

活动目标

1. 知道起床后要自己叠被子、整理床铺。
2. 初步做到用正确的方法叠被子、整理床铺，提高生活自理的能力。
3. 愿意学习叠被子、整理床铺，强化自我服务的意识。

活动准备

1. 知识经验准备：幼儿有自己整理被子的经验。
2. 物资材料准备：视频播放设备 1 套、幼儿寝室整理床铺前后状态的视频一个。

活动过程

1. 观看视频，引起幼儿学习整理床铺的兴趣。

（1）教师播放幼儿午睡起床后，整理床铺之前的寝室的视频：被子自由地散在床上和地上，一个老师在帮幼儿整理衣服，另一个老师在叠被子，有的幼儿在寝室打闹，有的幼儿则模仿老师叠被子。（画面定格）

（2）教师提问：小朋友们，看了这段视频后，你觉得这个时候你应该干什么？谁的做法是正确的？（幼儿自由表述）

（3）教师继续播放幼儿整理床铺之后的寝室视频：寝室里，幼儿自己整理床铺，不会的小朋友举手示意，老师就过来教他，整理好了的幼儿则到老师那里整理衣服，场面有序。

（4）教师小结：小朋友们午睡之后，要学会自己整理床铺，不能在寝室里乱跑，要养成好的生活习惯，学会自己叠被子，做到自己的事情自己做。

2. 教师示范叠被和整理床铺的方法。

（1）教师带领幼儿到午睡的卧室，示范讲解叠被子和整理床铺的方法：

①先把被子抖开，（看到被子是长方形的）横着铺在床上。（注意被子要撒平）

②被子最长的一条边向前叠，留出一块同样大小的长方形。（注意要叠出整齐的长方形）

③把对面一边向内叠，变成一个条状。（注意不要叠得太紧，稍微松点）

④找出条形的中线，把被子的两边分别向中间叠，然后再对折。（注意两边叠时不要靠得太紧）

⑤被子叠好后，把小枕头放在被子上。

⑥然后把床单拉平整。

（2）教师现场邀请几名幼儿按照教师示范讲解的方法试一试。

3. 幼儿动手操作，练习叠被子和整理床铺。

（1）教师引导幼儿诵读《叠被子》的儿歌，以便记住叠被子的要领和步骤。

（2）教师讲述：小朋友，找到自己的床后开始自己学着叠被子。不会的小朋友请举手，老师会过来教你的。叠完了的小朋友，就坐在自己床上，等老师来检查。

（3）幼儿练习叠被子时，教师做适当的指导，提示幼儿在叠之前是否把被子先抖开了。

（4）在所有小朋友叠好之后，教师请幼儿把枕头放在被子上面，最后教幼儿怎样把床单拉平整：用手顺着一个方向撒床单，有褶皱的地方可以用手从边沿拉直。

（5）教师讲评，表扬叠被子最快、整理床铺最好的幼儿。

（6）在家庭生活中，小朋友们每天要独立整理自己的床铺，要长期坚持，不能懒惰也不能依赖自己的父母，从小养成独立、勤劳、自强的优良品质。

幼儿每天午睡起床后，自己主动叠被子，整理床铺，及时表扬幼儿的进步。

四、用电安全

 **设 计 意 图**

电是一种重要的能源，在我们日常的生产、生活中起着重要的作用。但任何事情都有两面性，我们在用电的过程中也存在着安全隐患，如果使用、维护不当就会发生安全事故，导致人体触电或引发火灾，造成生命财产的严重损失。幼儿因年龄较小，对电隐藏的危害性认识不足，又因好奇心强，喜欢摸摸碰碰，倘若不慎，后果不堪设想。为此，教师通过这个活动，帮助幼儿了解安全用电的常识，提高自我保护意识，避免不必要的伤害。

活 动 目 标

1. 了解电在我们生产、生活中所起的重要作用，知道电在生活中存在的危险。
2. 能正确安全用电，用电时会保护自己。
3. 提高安全用电意识，节约用电。

活 动 准 备

1. 知识经验准备：家长在家对幼儿进行安全常识的教育。
2. 物资材料准备：插头、电线、插座各 1 件。

活 动 过 程

1. 师幼谈话，导入活动主题。

教师与幼儿交谈：小朋友们，你们家都有哪些家用电器？（幼儿轮流讲述）我们怎样让这些家用电器工作？（幼儿自由讲述）给这些家用电器接通电源就可以工作了。可是在生活中，我们是看不见电的，因为电是以电流的形式存在的。我们怎么知道有电呢？（幼儿根据生活经验讲述）小朋友说得对，我们把电灯的开关打开，灯泡亮了，说明里面有电；我们把电扇的插头插进插座里，再按下开关电钮，电扇转了，说明里面有电。

2. 观看实物，了解电的传输。

（1）教师讲述：小朋友都知道电器通上电就可以工作了，那么，电是靠什么传输的呢？（出示插座、插头、电线）这些东西你们认识吗？（幼儿根据生活经验讲述）它们有什么共同的特征？（教师把插座、插头和电线交给幼儿传递观察，并根据观察回答问题）插座里面的插孔是金属，插头裸露的部分是金属，电线外皮里面也是金属。电流就是通过这些金属来传输的，我们把能够通电的物体称为导体；而插座和插头的外壳、电线的外皮是不能通电的，我们把它们称为绝缘体。发电厂通过电线把电输送到我们家，我们家里墙上的插座就储藏着电源。当我们把电器的电线插头插进插座，并打开电器的开关，电器就通电工作了。

（2）教师演示：教师出示电脑，提示幼儿观看屏幕是黑屏的，然后把电脑的电线插头插进插座，打开电脑的电源开关，屏幕就亮起来了。

（3）教师请幼儿根据刚才的演示讲述电流传输的过程。

3. 情景演示，认识电的危险。

（1）教师出示电蚊蝇拍，讲述：这是我们用来消灭蚊蝇的电蚊蝇拍，（打开电池盒，让幼儿观察）里面有电池，说明它已经通了电。我们现在做两个小实验，看看会发生什么。

试验一：教师按下电蚊蝇拍的开关，显示的红灯亮了，拿一块小橡皮（告诉幼儿它与电线的外皮是同一类的绝缘体）向拍子上的金属网扔去，没有反应。

试验二：教师按下电蚊蝇拍的开关，显示的红灯亮了，拿出一只事先捕捉的昆虫（苍蝇）向拍子上的金属网扔去，金属网立即冒出火花，发出"噼噼啪啪"的响声，昆虫被电击烧焦。

（2）教师提问：刚才的两个实验说明了什么？（幼儿根据观察和自己的理解交流表述）

在幼儿交流表述的基础上，教师归纳：试验一说明电流橡皮一类的绝缘体，用它去接触电流比较安全。试验二说明我们生活中的电与天上的雷电一样，也可以闪电（冒火花），也可以打雷（发出"噼噼啪啪"的响声），威力很大；还说明昆虫是可以通电的导体，但是它经受不了电流通过时产生的巨大热量，被灼烧化为灰烬。

（3）教师再次提问：刚才的第二个试验给我们什么启示？（引导幼儿运用发散思维进行交流讨论）

在幼儿交流讨论的基础上，教师归纳：电在为我们服务的同时也带来安全隐患。第一，电在我们家里的传输过程中，有很多的接口处，若没有安全装置，或没有维护处理好，会有电火花的产生，容易引发火灾；第二，电线是导体，昆虫是导体，可以通电流，其实我们的身体也是导体，也可以通电流。人和昆虫一样，是有生命的。如果人体通了电流，人体的器官受不了电流的袭击，特别是心脏，很容易受到伤害，甚至丧失宝贵的生命。

（4）互相交流，讨论如何安全用电。

教师以"怎样避免用电的危险"为话题，引导幼儿运用已有的经验和认知交流讨论。教师参与幼儿的讨论，并引导幼儿小结：

①不要触摸电源插座，更不要把异物塞进电源插座里，以免发生触电和冒火花的危险事故。

②在需要用电器的时候，邀请家长帮忙插、拔电源插头，不要自己动手，因为插头裸露的部分容易接触身体，稍有不慎，就可能发生触电事故。

③在用完电器的时候，要及时关掉电器上的电源开关。

④不要用湿手触摸任何电器(包括插座、插头和电线)，因为水一类的液体都是导体，以免发生触电事故。

⑤在家若闻到电器烧焦的味道，或发现冒火花的现象，要及时请家长处理。如果家长不在家，要立即拨打110求助。

⑥和家长一起出门，家里没人留守的时候，提醒家长切断不必使用的电器电源，以免发生意外。

在家庭、学校和社会中我们要做安全用电的积极参与者，要有责任感，遇到危险用电行为我们要及时指出并通过正确的方式制止，以免发生意外和重大事故，为营造安全环境贡献一份小小的力量。

4. 放映 PPT，判断图中行为的对错。

教师请幼儿观察 PPT，根据已有经验和认知指出图中哪些行为是对的，哪些行为是错的，并说明为什么。

让幼儿回家以后，把有关用电安全的知识讲给爸爸妈妈听。

幼儿触电后怎么办(安全常识)

幼儿发生触电时，首先应迅速使他脱离电源，用干木棍将电线拨开，或用干木棍将幼儿拨开。如果直接拉开幼儿，抢救者必须站在干纸堆或木板上，拉住幼儿的干衣角，将他拖开。如果通过人体的电流很小，触电的时间也短，脱离电源以后幼儿只感到心慌、头晕、四肢发麻。这时候，要让他休息1~2小时，并有人在旁守护，观察呼吸、心跳情况，一般不致发生生命危险。皮肤灼伤处敷消炎膏以防感染。但如果让患儿立即走动，也有可能引起死亡。如果触电时间较长，通过人体的电流较大，或者电流从患儿一侧手部流入至身体对侧脚部流出，此时电流通过人体的重要器官，损伤就很严重，孩子表现为面色苍白或青紫，昏迷不醒，甚至心跳、呼吸停止。这时就应该分秒必争地进行现场抢救，立即做口对口呼吸和心脏按压。对幼儿做对口吹气时，鼻孔不要捏紧，让其自然漏气，并适当减少吹气量，避免引起肺泡破裂；如果幼儿张嘴有困难，可将其口唇紧闭住，救护者将口对准患儿鼻孔吹气。吹气时用一只手掌的外缘压住病儿的额部，另一只手食指和中指抬起下颏，使其气道充分打开。救护者平静呼吸后，紧凑幼儿的嘴巴或鼻子吹气。每次吹气时间大于 1 秒，吹气频率为 10~12 次/分。吹气完毕后，立即离开幼儿的嘴部，抢救至患儿恢复呼吸为止。

如果此时幼儿的心脏已停止跳动，必须在人工呼吸的同时，进行胸外心脏按压。将幼儿放在硬地或木板上，救护者位于幼儿身体右侧，单手掌根放在孩子胸骨中下 1/3，与两乳头连线中点交点处，使胸骨下陷约 5 厘米，按压频率约为 100~120 次/分。每次按压后应让胸廓充分回弹。此外，在做人工呼吸和心脏按压的同时，必须立即喊人拨打急救电话。即使自行救助成功，也应将幼儿立即送往医院做进一步检查。

五、换牙的时候

设 计 意 图

　　幼儿长到五六岁时，原来的乳牙开始逐渐脱落，换上将影响孩子一生的恒牙。幼儿进入换牙期，面对换牙过程中出现的各种现象，孩子们有的好奇，有的紧张，有的不懂得如何保护。如顺其自然往往会产生一些不良后果，应该及时教给幼儿换牙的知识，使他们尽快适应这一生理变化，了解换牙期的保健常识，学会科学地保护牙齿。美观、整齐、健康的牙齿将有益于孩子将来的生活、学习与工作。

活 动 目 标

　　1. 知道换牙是一种正常的生理现象，了解换牙期应注意的保健常识。
　　2. 学会科学地保护牙齿，用正确的方法应对换牙期出现的各种问题。
　　3. 面对换牙的生理变化不过度紧张、恐惧，保持轻松、愉快的心情。

活 动 准 备

　　1. 知识经验准备：活动前了解班中幼儿在换牙过程中出现的各种情况。
　　2. 物资材料准备：用孩子理解和喜欢的方式布置有关换牙内容的墙饰，乳牙模型和恒牙模型各 1 副。

活 动 过 程

1. 讲述故事，引导幼儿提出问题。

　　教师讲述《丫丫吃排骨》的故事，结合故事提出问题：谁遇到过丫丫这样的事情？
　　请班上牙齿松动或脱落的幼儿让大家看一看，分别说说自己的感受，并让他们提出自己所关心的关于换牙的相关问题。教师根据幼儿的提问归纳如下共性的问题：
　　（1）牙齿为什么会松动、脱落？
　　（2）牙齿掉了还能长出来吗？
　　（3）如果牙齿松动了，能不能用手摇摇让它快一点掉下来？

(4)有的小朋友喜欢用舌头去舔刚长出来的牙齿，这样做对吗？

(5)乳牙还没掉，新牙就在旁边长出来了，这时该怎么办？

(6)换牙的时候能吃什么？

(7)怎样使自己有一副整齐、美观的牙齿？

2. 师幼交谈，了解换牙的注意事项。

(1)教师出示乳牙模型和恒牙模型(或图片)，请幼儿仔细观察，看看两种牙齿有什么不同。

在幼儿交流表述的基础上，教师讲解：这两种牙齿，一种是乳牙，另一种是恒牙。乳牙大致在半岁到两岁长出，五六岁左右开始脱落，一般到十二岁掉完。恒牙大致在五六岁开始长出，十八岁左右出齐。换牙是人生的规律，是一种正常的生理现象，我们每个小朋友都要经历这个过程，换牙是我们进入新的成长时期的标志。因此，在换牙的时候，我们用不着紧张、恐惧，应该为自己的成长而高兴，应该以轻松、愉快的态度面对换牙的过程。

(2)教师讲述并提问：有的小朋友换牙前牙齿长得很整齐，换牙后长乱了，既不易刷干净，又影响美观。在换牙的时候，应该怎样做才能使我们拥有一副整齐、美观的牙齿呢？

请正在换牙的幼儿说一说自己是怎样做的。在幼儿交流、表述的基础上，教师讲解在换牙期间要注意的事项：

①乳牙和恒牙的交替是很自然的程序，乳牙脱落，恒牙便跟着长出。最早开始长出的第一个牙齿是恒磨牙，这颗牙对小朋友颌面部的生长有定位、定高的作用，对其他牙齿长出后排列是不是整齐有很大影响，保护好它可终身受益。

②在乳牙松动时候，它会自动脱落，不要用手摇晃，最好多吃些耐嚼食物，以保持对乳牙良好的生理性刺激促使它按时脱落。但是有时恒牙开始长出，乳牙却迟迟不肯"让位"，迫使恒牙不得不从乳牙的舌侧或唇侧长出，形成双重牙，也就是"夹牙"，这就需要到医院将乳牙拔除，以免造成恒牙排列不整齐。

③掉牙时会有点疼，流一点点血，小朋友不要害怕，流血时，用凉开水漱口，就会止住。

④换牙期间要注意杜绝各种不良习惯，不要咬指甲、咬唇、咬舌、伸舌、舔牙等，否则导致牙齿长得不整齐、不美观，使面部发育不对称，从而留下容貌上的终生遗憾。

⑤注意预防和治疗龋病。换牙期由于牙齿排列不齐，这时如果吃多了含糖食物，不注意口腔卫生，会引起牙齿清洁不良，食物滞留，容易患龋病，影响继发恒牙的生长萌出。因此，要注意少吃含糖食物，多吃含纤维食物，这样有助于牙齿自洁，促进颌骨及颌面部的生长发育。

⑥不要吃过软的食物，应该多吃稍硬的食物。过软的食物会造成牙齿缺乏锻炼，面部的皮肤肌肉力量变弱，眼球的调节机能减弱，导致视力减弱。另外，长期咀嚼无力，会导致下颚不发达，牙齿排列不整齐，上下牙齿咬合错位。

小朋友们，除了这些注意事项，到了大班，很多小朋友会出现换牙的现象，如果我们的好朋友换牙掉了牙齿，我们要懂得关爱他们，给他们安慰和温暖，从小养成互相关爱的好习惯。

　　3. 动手动口，巩固掌握已获认知。

　　（1）教师引导幼儿观察图片，对图中小朋友的行为是否正确做出自己的判断。

　　（2）教师带领幼儿诵读《换牙》的儿歌，记住换牙期应注意的事项。

　　创设"换牙的时候"的墙饰，将换牙期保护牙齿的方法用图示的方式展示出来，谁能做到就将他的名字贴在相应的图旁，激励幼儿形成良好行为。

六、快乐体检

 设 计 意 图

　　幼儿正处在身体快速发育生长时期，对幼儿定期检查身体有着重要意义。但是，检查身体时，有的幼儿有过打针、吃药或其他难受的经历，难免会产生恐惧心理和抵触情绪，不配合医生进行身体检查。为此，教师通过讲述故事、交流讨论和情境游戏环节，引导幼儿认识身体检查的重要作用，了解身体检查的基本项目，知道怎么克服恐惧心理，消除抵触情绪，积极、勇敢地配合医生做好身体检查，并从中获得快乐的体验。

活 动 目 标

　　1. 懂得体检的重要作用，知道健康检查的基本项目。
　　2. 在家长的陪同下，能积极配合医生进行体检。
　　3. 愿意参与体检活动，培养勇敢的心理品质，在情景游戏中获得快乐的体验。

活 动 准 备

　　1. 知识经验准备：幼儿已有在医院检查病情的经验，初步认识一些常用的体检器具。
　　2. 物资材料准备：PPT，各种体检器具(或玩具)：身高体重计、药棉、酒精、小针头、视力表、眼罩、指示棒、反光镜、小电筒、压舌板、听诊器、橡皮槌等各1件，医生穿的白大褂2件。

活 动 过 程

1. 讲述故事，导入活动的内容。

　　(1)教师讲述故事《婷婷的快乐体检》(见"活动资源")，请幼儿聆听。
　　(2)教师结合故事提问：婷婷在体检中表现怎么样？(勇敢，快乐)你进行过健康体检吗？体检有哪些项目？在体检时，你和婷婷一样勇敢吗？你也感到快乐吗？(幼儿根据自己的体检经历表述)

（3）教师小结：小朋友每隔一段时间都要进行身体检查。在体检时，我们只要表现得勇敢，就会体验到体检的快乐。

2. 交流讨论，了解体检的好处。

（1）教师提问：小朋友，你知道我们为什么每隔一段时间就要进行体检吗？（幼儿根据已有经验和自己的理解交流讨论）

（2）教师和幼儿一起讨论，并作归纳：定期检查身体，可以系统地了解小朋友各个不同时期的生长发育情况和体重增长的速度，尽早发现一些症状不明显的疾病，使小朋友得到及时治疗。在身体检查的同时，通过智力筛查，了解小朋友的智能是否在正常水平，如果发现异常，家长和老师可以配合医生及时采取相应的措施。另外，家长和老师还可以接受医生的育儿知识指导，从而帮助小朋友快乐、健康地成长。

3. 情景游戏，体验体检的快乐。

（1）教师请幼儿观察 PPT 图片，认识医生体检时所用的器具：身高体重计、药棉、酒精、小针头、视力表、镜子、眼罩、指示棒、反光镜、小电筒、压舌板、听诊器、橡皮槌等。

（2）教师请幼儿回忆《婷婷的快乐体检》的故事内容，同时根据 PPT，说出体检的主要项目：测量身高和体重、验血、检查五官、检查心肺、检查腹部内脏、检查四肢。

（3）两个教师穿上白大褂，扮演医生，准备好所需器材；将幼儿分成 6 个小组，各参与一个体检项目的情景游戏：

①游戏 1（测量身高和体重）：请幼儿在身高体重计旁排队，依次测量身高和体重。

教师提问：我们在测量身高和体重时应该怎么做？（幼儿根据体验交流表述）

教师归纳：脱掉鞋子站在身高体重计上，身体不能乱动，这样测量才准确。

②游戏 2（验血）：鼓励幼儿勇敢地伸出手指，教师用药棉、牙签模拟做消毒、针刺、止血的动作，然后提醒幼儿按住"止血"的药棉。

教师提问：我们在验血时应该怎么做？（幼儿根据体验交流表述）

教师归纳：勇敢积极地伸出小手，不能哭鼻子！验血以后要用药棉按住针眼，防止流血感染。

③游戏 3（检查五官）：请幼儿站好，教师用相应的器材（视力表、眼罩、指示棒、反光镜、小电筒、压舌板等）先后模拟检查幼儿的眼睛视力、耳道、鼻腔、口腔。

教师提问：我们在检查五官时应该怎么做？（幼儿根据体验交流表述）

教师归纳：按医生的要求进行配合，检查眼睛视力、耳道、鼻腔、口腔等，按医生的指示作出相应的动作，以方便医生检查，作出准确的判断。

④游戏 4（检查心肺）：请幼儿站好，教师用听诊器模拟检查幼儿的肺部和心脏。

教师提问：我们在检查心肺时应该怎么做？（幼儿根据体验交流表述）

教师归纳：按医生的要求进行配合，做好深呼吸的动作，保持平静的心情，以便医生作出准确的判断。

⑤游戏 5（检查腹部内脏）：在小桌上铺好布单，请幼儿脱掉鞋子躺在上面，教师用

手模拟检查腹部内脏的动作。

教师提问：我们在检查腹部内脏时应该怎么做？（幼儿根据体验交流表述）

教师归纳：脱掉鞋子躺在检查的床上，按医生的要求做配合动作，以方便医生用手感知腹部内脏，并如实回答医生的提问，为医生准确判断提供依据。

⑥游戏6(检查四肢)：脱掉鞋子躺在检查的床上，按医生的要求做配合动作，特别是在医生用橡皮槌敲打膝盖的时候，要有心理准备，不要紧张。如实回答医生的提问，为医生准确判断提供依据。

(4)教师小结，积极评价幼儿在游戏中的表现，鼓励表现勇敢积极，遵守规则和纪律的幼儿。

生活中积极快乐地参与体检可以及时了解自己身体的健康状况，是对自己健康负责的表现。每个人都是自己健康的第一责任人，都要积极地保持健康，这样我们才会健康快乐地成长。

创设"健康体检"活动区，投放各种体检器材玩具，鼓励幼儿积极扮演角色进行体检游戏。

婷婷的快乐体检(故事)

"妈妈，体检会不会打针呀?"五岁半的婷婷踮脚数着日历上的小红花，明天就是幼儿园年度体检日。妈妈把最后一颗星星贴纸按在她手背上："这次体检就像闯关游戏，集齐所有贴纸就能召唤惊喜哦!"

清晨的阳光刚爬上保健室的窗台，婷婷就发现这里变得不一样了。长颈鹿老师正举着彩虹身高尺："哪位勇敢的小探险家要第一个测量?"婷婷立刻站得笔直，学着绘本里的小企鹅挺起胸膛。"118厘米!"护士姐姐在小本本上画了颗金灿灿的太阳。

在最让婷婷紧张的视力检查台前，戴着兔子耳朵的医生笑眯眯举起指挥棒："准备好开启彩虹望远镜了吗? 跟着小飞机说方向——"彩色光点在天花板跳起圆圈舞，她不知不觉说出了所有箭头方向，手心里的小熊贴纸都被汗水浸得卷了边。

"咚咚、咚咚——"当冰凉的听诊器贴上胸口，婷婷突然睁大眼睛："医生阿姨，我的心跳声好像森林里的小鹿在跑步!"正在记录数据的护士噗嗤笑出声，钢笔尖在体检单上画了个歪歪扭扭的鹿角图案。

保健室角落传来此起彼伏的"啊——"原来是啄木鸟医生在检查牙齿。"婷婷小朋友的牙齿城堡守护得真棒!"金属探针轻轻碰触乳牙时，她盯着医生胸牌上晃动的橡果挂坠，突然想起昨晚妈妈说的惊喜。

当最后一张小黄鸭贴纸贴在体检手册上，长颈鹿老师变魔术般举起银色徽章："恭喜婷婷获得'健康小卫士'称号！"阳光穿过徽章上的云朵镂空，在她浅粉色的罩衣上映出细碎的光斑。窗台上，晨检时得到的小熊贴纸正神气地叉着腰，仿佛在说今天的体检多么精彩。

七、有害的烟雾

 设 计 意 图

　　烟雾是粉尘与多种有害气体混合而成，它污染空气，危害人体，破坏生态环境，是危及人类生存的大敌。本次活动旨在引导幼儿关注烟雾现象，初步了解烟雾的性状及其危害的严重性，帮助幼儿从局部和个人的角度，学习避免遭受烟雾侵害的办法，懂得保护自己，增强环保意识。

活 动 目 标

　　1. 初步了解烟雾的表层特性，及其对人类生存环境的危害。

　　2. 发生烟雾时，能用正确的方法避免烟雾对自己的危害。

　　3. 重视烟雾环境下的自我保护，增强环保意识。

活 动 准 备

　　1. 知识经验准备：幼儿在日常生活中对烟雾有初步的感知。

　　2. 物资材料准备：废报纸 1 张、粘胶带少许、打火机 1 个、手帕（或毛巾）1条，PPT。

活 动 过 程

1. 观看画页，叙说日常生活中的烟雾。

（1）教师请幼儿观看 PPT，教师和幼儿一起观看各图。

①观看图 1：一个叔叔在吸烟，烟雾袅袅。

②观看图 2：一个阿姨在煤气炉上炒菜，烟雾在厨房弥漫。

③观看图 3：一串鞭炮炸响，随着火花冒出烟雾。

④观看图 4：一辆行驶的卡车后面冒出一串烟雾。

⑤观看图 5：一个工厂的烟囱冒出的烟雾直上空中。

（2）教师请幼儿描述各图画面的内容，并说一说还在哪里看到过冒烟的东西，那是什么样的情形。

（3）教师小结：我们在生活中随处都可以看见烟雾，真是令人讨厌。

2. **实验演示，观察烟雾的表现。**

（1）教师实验演示烟雾：将一张废报纸卷成棍状，用粘胶袋固定形状；左手拿着纸棍的一端，右手用打火机点燃纸棍的另一端。由于纸棍卷得较紧，不能充分燃烧，因此冒出较浓的烟雾。

（2）教师引导幼儿观察：烟雾是什么形态？（像气体一样）是什么颜色？（灰黑）向什么地方飘去？（向上飘去）

（3）教师小结：烟雾是一种灰黑色的粉尘和有害气体的混合物，在任何地方，它都是向上飘去。

3. **交流讨论，了解烟雾的危害。**

（1）教师结合 PPT，引导幼儿交流讨论。

①问题1：推测吸烟人的肺部是什么颜色，抽烟有什么危害？

教师和幼儿一起讨论，并引导幼儿归纳：吸烟人的肺部吸附了一层又一层的烟雾，变得黑乎乎的，严重影响了呼吸功能，经常咳嗽、哮喘；吸烟还污染环境，使空气变得浑浊，既危害自己，又危害别人的身体健康；如果不小心，还容易引起火灾，造成财产损失。

②问题2：厨房炒菜的烟雾有什么危害？

教师和幼儿一起讨论，并引导幼儿归纳：厨房炒菜的烟雾弥漫室内空间，严重损害了空气质量，人如果过多吸入有害气体，可能导致中毒现象。

③问题3：燃放鞭炮有什么危害？

教师和幼儿一起讨论，并引导幼儿归纳：燃放鞭炮使粉尘和烟雾一起飘散空中，严重污染了空气；鞭炮的碎屑污染了环境卫生，如果不慎，还会引起火灾。燃放鞭炮对我们的环境有多重的危害。

④问题4：马路上的汽车尾气有什么危害？

教师和幼儿一起讨论，并引导幼儿归纳：汽车排放的尾气烟雾，里面混合着细小的粉尘和铅汽油的成分，人吸入以后可能引发多种疾病，甚至导致铅中毒；马路上成千上万辆汽车无一例外地排放尾气烟雾，不仅污染空气，还使地面温度升高，破坏了生态环境。

⑤问题5：工厂烟囱冒出的烟雾有什么危害？

教师和幼儿一起讨论，并引导幼儿归纳：工厂烟囱冒出的烟雾飘到了蓝蓝的天上，污染了空气，污染了环境，还将大气平流层中的臭氧层冲破了一个大洞，没有臭氧层的保护，紫外线会晒坏我们的身体。同时地球大气温度会上升，全球变暖，南极冰川融化，海洋水面上升，沿海的城市和乡村将会被淹没，人类将面临巨大灾难。

（2）教师小结：总之，烟雾污染空气，危害人体健康，破坏人类的生存环境，应该引起全人类的高度重视，千方百计减轻、减缓烟雾的危害。

地球是我们赖以生存的家园，良好的生态环境需要我们一起来保护，小朋友们从小要树立生态环保的意识，从身边的小事做起，从自身做起，减少和避免有毒烟雾的产生。

4. 想方设法，避免烟雾的危害。

(1)教师引导：减轻、减缓甚至消除烟雾的危害，是人类长期而艰巨的任务，你们从小一定要好好学习，掌握科学知识，长大为解决困扰人类的这个问题作出贡献。但是，现在你们年龄还小，首先要面对的是怎样让自己个人避免烟雾的危害。请小朋友动脑筋、想办法，说一说自己的看法。

(2)引导幼儿大胆发表自己的意见，和幼儿一起归纳几条切实可行的办法：

①发现在公共场合或家里有人吸烟，要有礼貌地进行劝阻，或者远离吸烟的人；动员家人戒烟。

②请爸爸妈妈在厨房安装抽油烟机，减少做饭时烟雾对室内空气的污染。

③在家里提倡禁鞭，向邻居宣传禁鞭。

④在马路上行走时，如闻到汽车尾气强烈的刺鼻味，用干净的手帕捂住口鼻。

⑤如遇浓烟，用干净的手帕(最好是湿毛巾)捂住口鼻，下蹲行走(因为烟雾是向上飘的)，赶快离开。

鼓励幼儿回家后把今天学的有害烟雾的知识讲给爸爸妈妈听。

八、胃的哭诉

设计意图

　　胃是人体重要的消化器官，人们主要的营养补充也来自胃，然而胃也是一个很脆弱而且敏感的器官，如果不好好保护，它就会"哭泣"。而幼儿对这些并不了解，往往因为一时喜爱，乱吃东西，冷热不分，有时玩得忘记了吃，有时又吃得撑着，最后引起不适症状：腹泻，呕吐，肚子疼。因此，有必要引导幼儿了解有关胃的保健常识。

活动目标

　　1. 了解胃的结构和功能，初步知道食物消化的过程。

　　2. 能用正确的方法保护自己的胃。

　　3. 养成良好的饮食习惯，树立保护胃的意识。

活动准备

　　1. 知识经验准备：幼儿已经了解身体的各个器官，知道它们有不同的作用。

　　2. 物资材料准备：PPT、小食品(锅巴或饼干)若干，《食物的旅行》视频 1 个。

活动过程

1. 观看视频，了解食物的消化过程。

　　(1)教师把小食品分盘装好，分发放到每组的桌子中间，请幼儿品尝。

　　(2)幼儿吃完小食品后，教师提问，引发幼儿思考：你们吃进嘴里的东西哪儿去了？(吃到肚子里去了)

　　(3)教师补充讲述：小朋友所说的"肚子"，就是我们人体内部的重要器官——胃。我们吃进去的东西到胃里了。

　　(4)教师引导提问：你们知道吃进去的食物是怎么到胃里的吗？然后又到了哪些地方呢？最后食物是从哪儿出来的呢？(幼儿猜测讲述)我们还是一起看一个视频吧，看完视频，这些问题我们就都会明白了。

(5)教师播放《食物的旅行》的视频，请幼儿认真观看。

(6)教师提出以下问题，请幼儿根据视频内容交流表述：

①吃进去的食物是怎么到胃里的？（食物先进入食道，慢慢地往下走，进入胃里。）

②食物进入胃里之后，胃是怎样把食物给消化的呢？（胃是一张一缩，把食物颠来倒去地挤压成稀泥糊糊）

③接着食物又去了什么地方？食物的营养是在哪里被吸收的呢？（食物进入小肠中，然后食物的养分在小肠中被吸收）

④然后食物到了哪里，又从哪里出来？（食物从小肠进入大肠，这时候食物的营养已经很少了，最后食物从大肠的终点——肛门出来，这个时候食物已成了粪便）

2. 听讲故事，学习胃的保健常识。

(1)教师讲述故事《胃的哭诉》(见"活动资源")，让幼儿通过欣赏故事了解胃的基本功能，知道平时一些不良的饮食习惯对胃有伤害。

(2)教师结合故事提出以下问题请幼儿根据故事内容交流表述：

①我们胃的基本功能是什么？（胃像口袋一样能储存食物并消化食物）

②哪些不良的饮食习惯会对胃造成伤害？（不按时吃饭或吃太冷、太烫、太辣的食物，吃得太多、太急等都会使胃发痛、生病）

(3)教师请幼儿谈谈自己的生活经验，胃有没有过不舒服的时候，是什么原因造成的。

(4)教师提问：小朋友们，胃对我们的身体非常重要，那我们应该如何保护胃呢？(幼儿根据自己的理解回答问题)

在幼儿回答问题的基础上，教师归纳：

①在日常生活中要有规律地进食，按时吃饭。

②不吃太冷、太烫、太辣的食物，以免胃受到强烈的刺激。

③吃东西要一口一口地吃，还要细嚼慢咽，有助于胃的消化。

④不要用汤泡饭进食，餐后也不要立即喝水，否则会影响食物的消化。

⑤多吃富含维生素 C 的蔬菜和水果，保护胃的正常功能。

⑥少吃不易消化的油炸食品，减轻胃的负担。

⑦天冷时注意胃的保暖，胃部受凉后会使胃的功能受损。

⑧如果胃生病了，要及时到医院治疗。

3. 观察 PPT，判断饮食行为的对错。

请幼儿观察 PPT 各图内容，判断哪些小朋友的饮食习惯是保护了我们的胃，哪些饮食习惯是伤害了我们的胃，巩固已获得的认知。

小朋友们良好的饮食习惯和饮食行为不仅能保护我们的胃，而且能更好地促进我们的健康，生活中我们的三餐两点，尤其是我们在家里的饮食一定要注意健康，好的饮食习惯会让我们终身受益。

收集煎、炸、炒等垃圾食品和要少吃的食物的图片，贴在活动区，提醒幼儿保护自己和家人的胃。

胃的哭诉（故事）

"哎哟……好痛啊……"深夜，小豆丁蜷缩在床上，肚子上仿佛有个小刺猬在打滚。突然，他感觉身体变得轻飘飘的，眼前闪过一道彩虹般的光芒。"小主人，我是你的小胃呀！"一个穿着粉色围裙、戴着厨师帽的圆鼓鼓小人儿突然出现，他的眼睛像两颗会说话的葡萄，"你听，咕噜噜——这是我伤心的声音。"

小胃带着小豆丁钻进一条闪闪发光的隧道，眼前出现了神奇的场景：像粉红色云朵的胃囊里，十几个戴着安全帽的"小厨师"正忙碌着。他们有的推着小推车运送食物，有的拿着搅拌棍工作。"看！我们每天都要把你吃下的食物变成营养能量。"小胃指着正在工作的厨师们，"可是最近……"画面突然变暗，小厨师们惊慌失措地摔倒了。

场景一：墙上的时钟指向十二点，可小豆丁还在玩积木。空荡荡的胃里，小厨师们饿得直打转。"咚！"一大碗冷冰冰的冰激凌突然砸进来，小厨师们冻得直打喷嚏，搅拌棍都结冰了。

场景二：热气腾腾的火锅汤"哗啦"浇进来，小厨师们烫得跳脚。红彤彤的辣椒像小炮弹炸开，辣得大家眼泪汪汪，胃壁上冒出一个个小红点。

场景三：游乐场回来的小豆丁抓起包子就狼吞虎咽，鼓鼓的食物山压得小厨师们直不起腰。突然"轰隆"一声，食物山崩塌了，搅拌棍都被压断了。

"每次你不好好吃饭，我们就会受伤。"小胃掀起围裙，肚皮上贴着好多创可贴，"不过只要做到三件事，我们就能重新快乐工作！"

第二天清晨，小豆丁的床头出现三张魔法卡片：

金钟卡：每天按时吃饭就像给胃上发条

温度卡：食物要像春天的风一样温和

慢慢卡：细嚼慢咽比小乌龟还要优雅

当幼儿园的午饭铃声响起时，小豆丁惊喜地发现，自己肚子里传来欢快的歌声："咕噜噜……这次是开心的声音哟！"

九、我是按时的乖宝宝

设 计 意 图

　　每天从太阳升起，到晚上上床睡觉，幼儿一天的生活非常丰富。也许幼儿每天的经历不尽相同，但是每天起居、饮食、活动时间的安排应该是有规律的。教师结合幼儿的实际生活，通过"看图讲述""交流讨论""制作图表"等活动环节，引导幼儿关注自己每天的生活内容，从中感悟到自己每天的生活都是新鲜的，同时又是有规律的，知道有规律的生活对自身健康的益处，从而有意识地养成自己良好的作息习惯。

活 动 目 标

　　1. 懂得遵守有规律的作息时间对健康的意义。
　　2. 每天能按一定的规律进行自己的生活和学习。
　　3. 喜欢有规律的生活，保持良好的生活习惯。

活 动 准 备

　　1. 知识经验准备：幼儿有初步的时间观念，认识简单的钟表。
　　2. 物质材料准备：PPT(有关家庭和幼儿园生活作息的图片)、时钟教具(用硬纸板自制)、作息记录表。

活 动 过 程

1. 引导幼儿猜谜，导入活动。

　　教师请幼儿猜谜，以引起幼儿兴趣："会说没有嘴，会走没有腿，它会告诉你，什么时候起，什么时候睡。"

　　教师提示幼儿谜底是我们每天生活离不了的东西。引导幼儿猜出谜底后，告诉幼儿这次活动的内容与钟表和时间有关。

2. 引导幼儿交流，进入主题。

　　(1)教师提问：你们每天什么时候起床，什么时候睡觉？做哪些事情？什么时间做什么事？

在幼儿的交流讨论中，教师出示家庭和幼儿园生活作息的相关图片，同时拨动时钟教具上的时针和分针，引导幼儿发现自己每一天在相同的时间做相同事情的情况，知道在家和在园一日作息时间安排是有规律的。

（2）教师引导幼儿讨论：为什么要早睡早起、按时午睡？为什么要定时进餐？为什么每天上午、下午都要进行户外体育锻炼？

在幼儿交流讨论的基础上，教师总结归纳有规律生活的好处：

①每天早睡早起、按时午睡可以促进身体长高、长壮，使我们更有精神地生活和学习。

②定时进餐可以保证营养的摄入、能量的产生，供给我们学习、活动的需要，并保证身体健壮、不容易生病。

③坚持户外体育锻炼可以增强体质，提高我们身体的抗病能力。

（3）教师引导幼儿结合自己的实际讨论"生活没有规律会对身体健康造成什么影响？"使幼儿知道每天生活要形成固定的习惯。

在幼儿交流讨论的基础上，教师总结归纳不按规律生活的坏处：

①头天晚上睡觉太晚，第二天早上就不能够按时起床，上幼儿园就会迟到，影响正常的学习和生活；中午不按时睡午觉，下午就没有充沛的精力和小伙伴们一起学习、活动。

②不按时吃饭，肚子就会不舒服，我们身体所需要的营养得不到及时的补充，时间长了，就会生病，影响健康。

按时规律的生活会给我们带来很多的好处，不按时不规律会有很多的坏处，小朋友们要会健康地规划和安排自己的时间，每天精神饱满又快乐地成长，长大后才能更好地做自己时间的主人，享受健康规律的生活。

3. 引导幼儿操作，巩固认知。

（1）教师引导幼儿用绘画的形式将幼儿园一日作息记录表画出来，制作成墙饰展示出来。

（2）教师引导幼儿观察 PPT 中的图片，将图中表现的事情按时间顺序排列，写上序号。

让幼儿回家和爸爸妈妈一起完成《我的一天》系列绘画活动，并将自己的作品带到幼儿园来与小伙伴一起分享；教师将这些作品张贴在墙饰中展示。

十、人体支架

设计意图

骨骼是人体的支架，是人体的重要组成部分，为了使幼儿对自己的身体有进一步的认识。教师通过引导幼儿"摸""看""说""辨"等活动环节，帮助幼儿了解骨骼对人体的重要作用，知道怎样促使骨骼健康生长，怎样保护自己的骨骼，懂得正确的坐、立、行、卧姿势有助于骨骼的正常发育，养成良好的行为姿态，形成健康的体魄。

活动目标

1. 了解人体骨骼及其支撑身体、保护身体的作用。
2. 在日常生活中能保持正确的身体姿势，保护自己的骨骼健康。
3. 树立保护骨骼的意识，养成良好的动作姿势习惯。

活动准备

1. 知识经验准备：幼儿初步了解自己身体的主要部位，像四肢、头部等。
2. 物质材料准备：人体骨骼构造 PPT，人体轮廓记录图。

活动过程

1. 摸一摸。

(1)教师让幼儿摸一摸自己的手指、手臂、腿，并用劲捏一捏。提问："你们摸的这些部位里面有什么?"引导幼儿发现肌肉里的骨头，再让幼儿每两人结对，互相摸一摸对方的头、胸、背、腰等部位，然后两人合作，把摸到的骨头在人体轮廓图上记录下来，让幼儿感知我们的身体各部位里面都有骨骼。

(2)教师引导幼儿交流自己的操作和记录，一个幼儿说到哪里，大家就跟着摸到哪里，进一步获得对骨骼的感知。

2. 看一看。

(1)教师出示人体骨骼构造 PPT，讲述人体主要骨骼名称及其生长部位，让幼儿对照 PPT 来找一找自己的头骨、肋骨、脊椎骨、四肢骨生长在哪里，并让幼儿与人体轮廓上的记录进行对照，看看有什么画错的地方，并将错误改正过来。

（2）教师讲述并提问："人体的每一个骨头各不相同，请大家仔细地看看，说说这些大的骨头像什么？"在幼儿交流表述之后，教师充分肯定幼儿的想象力和表达力，加深幼儿对骨骼外形特征的认知。

3. 说一说。

（1）教师讲述并提问："人体的骨头长在不同的部位，形状也不同，它们各起什么作用呢？"引导幼儿根据已有的生活经验，大胆发表自己的看法，并相继对说得正确的幼儿给予鼓励。

在幼儿交流讨论的基础上，教师归纳：头盖骨保护着大脑，颈椎骨支撑着头部，肋骨像一个笼子保护人体的心肺等内部器官，四肢骨不仅支撑身体，还可以进行各种运动。总之，这些大小、长短、粗细、扁圆各不相同的骨头连成一个大架子，把整个人体支撑起来，并且帮助人体进行各种活动。

（2）教师继续讲述并提问："人体的骨骼起着这么重要的作用，我们应该怎样保护他们呢？"引导幼儿根据已有的生活经验，大胆发表自己的看法，并对说得正确的幼儿给予鼓励。

在幼儿交流讨论的基础上，教师归纳：第一，我们要做到"坐正、立直、行稳、卧平"八个字。坐正，是指看书、写字、吃饭等坐的姿势要端正，不要趴着；立直，是指站立的时候身体要直，不要歪着、斜着；行稳，是指走路的时候脚踏实地，不要乱蹦乱跳；卧平，是指睡觉的时候不论是仰面睡还是侧面睡，都要使与床铺接触的骨骼平平地落实在床铺上，不要使有的部位落空。第二，我们要坚持多进行户外活动，多晒太阳。第三，注意营养全面，多进食鱼类、牛奶等含钙多的食物。第四，在游戏活动时不要做幅度过大的危险动作，以免摔伤、骨折等。

4. 找一找。

教师让幼儿观察 PPT 中的图片，辨别画面中小朋友行为的对与错，加强幼儿对正确姿势的理解，让幼儿知道如果把错的姿势变为习惯动作，身体的骨骼就会变形，使骨骼不能起到支撑身体、保护身体的作用，同时巩固已获得的关于保护骨骼的认知。

小朋友们，在保护我们骨骼的同时，日常生活中我们更要注意正确的身体姿势，如站姿、走姿、坐姿和写字姿势等，错误的姿势会造成骨骼发育不良，影响我们的健康，甚至会造成行为障碍，良好的动作姿势和运动习惯会让我们拥有更健康美好的身体。

活动延伸

1. 教师在日常生活、活动中提醒幼儿用正确的姿势行动，在运动中要加强安全保护。
2. 与家长沟通，请家长日常要注意督促幼儿保持正确的姿势行为，形成良好的动作姿势与运动习惯。

十一、快乐玩球

设计意图

　　幼儿普遍喜欢用球玩游戏，而且乐于尝试用不同的方法玩球。教师应该用善于发现的眼光把幼儿平时创造的各种玩球的方法进行提炼、整理，设计出有利于锻炼身体，具有挑战性、趣味性的玩球游戏，使幼儿在玩球游戏中，既发展了运动技能，又体验了游戏的快乐。这次活动介绍的两种玩球的方法都是原创于幼儿，成形于教师。教师通过引导幼儿进行"循环滚球""接力传球"等活动，培养幼儿的合作意识，发展四肢和身体的协调能力，促进身体的灵活性。

活动目标

　　1. 知道游戏规则和玩球的方法。
　　2. 能够按照规则要求完成传球的游戏，提高四肢和身体的协调性。
　　3. 养成乐于合作与勇于竞争的意识。

活动准备

　　1. 情景准备：设置活动场地。
　　2. 物资材料准备：小篮球若干（与幼儿数相同）、塑料筐4个。

活动过程

　　1. 准备活动。
　　（1）教师带领幼儿来到空旷场地，进行简单的队列训练：立正、稍息、看齐。
　　（2）教师引领幼儿做简易球操：持球摇摇头、耸耸肩、伸伸臂、转转体、弯弯腰、屈屈膝、踢踢腿。
　　（3）教师让幼儿自由玩球：拍、滚、抛等，之后将球分别装进两个塑料筐里。
　　2. 游戏活动。
　　（1）循环滚球。

教师介绍游戏方法和规则。

①三角形玩法。

将全体幼儿分为若干组，每组四人，其中三人各持一个球分别站在角上的圆形区域内，一人为裁判员兼候补队员，站于中间圆形区域内。裁判员说："开始!"同时摇响铃鼓。三人同时沿逆时针或顺时针方向用双手将球在球道上滚向前面的人，然后立即半蹲转身60度接住另一个人滚来的球。裁判员摇响铃鼓的速度不断加快，三人滚接球的速度也随着不断加快。如此连续加速地循环滚球，直至其中一人将球滚出球道外或来不及接球，此人为失败者。这时裁判员叫道："停!"失败者与裁判员交换位置后，游戏继续进行。

②四边形玩法。

将全体幼儿分为若干组，每组五人，其中四人各持一个球分别站在角上的圆形区域内，一人为裁判员兼候补队员，站于中间圆形区域内。游戏方法同上，只是转身90度接球，难度加大。

③五边形玩法。

将全体幼儿分为若干组，每组六人，其中五人各持一个球分别站在角上的圆形区域内，一人为裁判员兼候补队员，站于中间圆形区域内。游戏方法同上，只是转身180度接球，难度更大。

（2）接力传球。

教师介绍游戏方法和规则。

幼儿排成两路纵队，队列前面分别放一个装有小篮球的塑料框，队列后面分别放一个空塑料框。

①背后接传球。

前后两个幼儿相隔一米的距离。当教师吹响哨子时，队列前面的第一个幼儿从塑料筐里拿出一个小篮球，双手将球举过头顶，第二个幼儿上前跨步双手接过球，收步，也双手将球举过头顶，依次传递。最后一个幼儿接到球后转身放进身后的塑料筐里。当前面塑料筐里的最后一个球传完，放进后面塑料筐里后，最后一个幼儿又从后面的塑料筐里拿出一个小篮球，上前跨步将球递给前一个幼儿举起的双手；前一个幼儿接到球后，又上前跨步将球递给他的前一个幼儿举起的双手，依次抛传。在传递过程中，如果球掉落在地上，教师帮忙捡起放进原筐里，重新传递。哪个队最前面的幼儿先把最后一个球放进前面的塑料筐里，就算获胜。

②转身抛传球。

前后两个幼儿相隔一米的距离。当教师吹响哨子时，队列的第一个幼儿从塑料筐里拿出一个小篮球，转身双手从胸前抛传给第二个幼儿，第二个幼儿又转身双手从胸前将球抛传给下一个幼儿，依次抛传。最后一个幼儿接到球后转身放进身后的塑料筐里。当前面塑料筐里的最后一个球传完，放进后面塑料筐里后，最后一个幼儿又从后面的塑料筐里拿出一个小篮球，双手胸前抛传给前一个幼儿；前一个幼儿转身接到球后，返身又将球双手胸前抛传给他的前一个幼儿，依次抛传。在抛传过程中，如果球掉落在地上，教师帮忙捡起放进原筐里，重新抛传，哪个队最前面的幼儿先把最后一个球放进前面的塑料筐里，就算获胜。

小朋友们，通过今天的玩球活动，我们不仅知道了要遵守规则，还知道了要懂得相互合作，我们的学习和生活中也要有规则意识，主动遵守各项规则才会更有秩序，积极配合他人才能更好地完成任务，取得胜利。

3. 结束活动。

教师带领幼儿进行放松整理活动，然后收拾活动器材，回到教室。

教师请幼儿说一说这次活动的感受，并提出改进的意见；引导幼儿再设想还可以怎样玩球，以便设计新的玩球游戏，提供下次活动使用。

十二、有趣的人体关节

设计意图

幼儿生性喜爱活动，他们在身体活动的同时，思想也在活动，他们为自己身体各个部位能够活动感到好奇。为了把幼儿这种无意识的探索变为有意识的认知，教师引导幼儿进行有步骤的探索学习活动，让幼儿了解人体能够活动的原因，知道人体关节的重要作用，学习保护关节的方法。

活动目标

1. 知道人体主要关节的名称，使他们懂得保护关节的重要性。
2. 在日常生活和体育活动中能够正确保护自己的各个关节。
3. 重视自己的关节保护，树立关节保护意识。

活动准备

1. 知识经验准备：幼儿了解自己身体的主要部位，能说出名称。
2. 物质材料准备：皮球、沙包、拉力器、毽子、呼啦圈等运动器具若干、纸板若干、胶带若干。

活动过程

1. 玩一玩。

(1)教师将各种运动器具分发给幼儿自由活动，提示幼儿在玩的时候注意自己运用了身体的什么部位。

(2)教师引导几个幼儿说说自己玩了什么，然后请几个幼儿示范自己玩的项目，说说自己运用身体的什么部位，是怎样玩的。

2. 找一找。

(1)教师提出问题："我们在玩的时候，手和脚怎么会动呢?"引发幼儿的兴趣，引导幼儿进行探索性的讨论。

（2）引导幼儿找关节，寻求正确答案。请幼儿用左手握住右手的腕关节，再晃动一下右手，让幼儿说一说什么部位在动。教师告诉幼儿这个部位叫作腕关节，由于腕关节的活动，我们的手才能够晃动。然后教师继续用同样的方法引导幼儿找出肩关节、肘关节、髋关节、膝关节、踝关节以及手指关节和脚趾关节。

3. 绑一绑。

引导幼儿感知关节和人体活动的关系。先请出刚才拍皮球的幼儿，让他伸出拍皮球的那只手，手背向上，将一块长条纸板垫在下面，用胶带把指关节和腕关节固定起来，再让他像刚才的样子拍皮球，并请他说一说前后的感觉有什么不同。然后请其他幼儿说一说他拍球的动作是不是顺眼，是不是感觉别扭。

在幼儿说出自己体验的基础上，教师讲述：我们在进行一项活动的时候，需要几个部位的关节同时协调活动，我们的动作才能做到位，活动才能自如。如果我们拍球，把腕关节和指关节固定起来，只有肩关节和肘关节在活动，那么我们拍球的动作就不协调，动作就不灵活了。

4. 说一说。

引导幼儿说一说怎样保护自己的关节。在幼儿讨论表述的基础上教师归纳：

（1）避免幅度大的运动，特别是不要随意从高处往下跳，防止关节受伤。

（2）不小心摔倒时，尽量不让关节部位直接受力，借助身体肌肉多的部位缓冲一下。

（3）天气冷的时候，要注意关节部位的保暖，不要让它们受凉了。

（4）多进行户外活动，多晒太阳。

（5）多吃含钙丰富的食物，如牛奶、蛋制品、虾皮、海带、核桃、胡萝卜、骨头汤等。

关节对我们每个人都很重要，我们在活动中保护自己关节的同时，还要注意不要伤害到别人的关节，遇到有损关节的行为，我们要善意地提醒。

教师引导幼儿进行"听口令找关节"和"听口令活动关节"的游戏活动，巩固已获得的认知。

十三、快乐的小袋鼠

设计意图

幼儿喜欢模仿动物的动作，在模仿中既训练了一定的运动技能，又获得了愉快的情绪体验。教师因势利导，借助布袋为道具，创设情景，设置障碍，引导幼儿模仿袋鼠"跳"的动作，训练双脚行进跳的技能，锻炼腿部肌肉，发展身体平衡协调能力，培养勇敢的品质。

活动目标

1. 知道双脚行进跳的基本方法和注意事项。
2. 能够用双脚行进跳的动作完成不同方式的袋鼠跳，发展身体平衡协调能力。
3. 积极参加袋鼠跳活动，培养勇于接受挑战的精神。

活动准备

1. 情景准备：布袋(或小型编织袋)若干(与幼儿人数相同)、平衡板1个、带有斜坡的平衡木1个、拱形门2个(2个拱形门间隔一段距离，用多条彩带连接起来，当作山洞)。

2. 物质材料准备：《小袋鼠》歌曲。

活动过程

1. 准备活动。

(1)教师带领幼儿进行队列训练：立正、稍息、看齐、左转、右转、齐步走、立定。

(2)教师带领幼儿活动身体：摇摇头、伸伸臂、弯弯腰、踢踢腿。

2. 导入活动。

(1)教师出示布袋并讲述：小朋友们，你们以前用布袋玩过游戏吗？现在我们就用布袋来玩游戏吧！请你们开动小脑筋，玩出与别人不一样的花样来！

教师把布袋分发给幼儿，让幼儿在歌曲《小袋鼠》的音乐的伴奏下，自由探索玩布袋的方法。

教师巡查，对个别幼儿给予必要的提示和辅导。

（2）教师巡查时注意观察用布袋跳得像袋鼠的幼儿，提醒大家关注："小朋友们，快来看呀，××跳得真像一只袋鼠，真棒!"当大家注意力集中之后，教师提议："请他为我们表演一下，好吗?"在这个幼儿演示的时候，教师提示其他幼儿注意观察他是怎么跳的。这个幼儿演示完后，教师请他介绍是怎么想到用布袋这样跳的以及跳的方法。

教师小结：把双脚伸进布袋后，双手提起布袋口，然后双脚并拢，起跳时膝盖稍弯，前脚掌再用力往上蹬，落下时轻轻着地。

3. 游戏活动。

教师导语：我们也来学着像袋鼠那样跳，做一个快乐的小袋鼠。

（1）练习基本动作。

①练习直立跳。

教师先让幼儿不用布袋，自由练习直立原地跳和行进跳的动作。教师巡查，对个别幼儿给予必要的提示和指导。

在每个幼儿掌握动作要领后，让幼儿把双脚伸进布袋（提示幼儿互相帮助），自由练习直立原地跳和行进跳的动作，探索怎样跳得又稳、又轻、又快。教师巡查，对个别幼儿给予必要的提示和指导。还可以请动作熟练的幼儿进行示范，帮助个别幼儿掌握动作要领。教师还必须提醒幼儿在膝盖弯曲跳起的同时，双手要提紧布袋口，使袋底始终和脚板贴紧，以免跌倒。

②练习半蹲跳。

教师讲解半蹲跳与直立跳动作的区别：直立跳是当你跳起的时候，身体可以尽量往上蹬，而半蹲跳是当你跳起的时候，身体不能直起，依然保持半蹲的姿势。

教师还是先让幼儿不用布袋，自由练习半蹲原地跳和行进跳的动作。教师巡查，对个别幼儿给予必要的提示和指导。

在每个幼儿掌握动作要领后，教师让幼儿把双脚伸进布袋，自由练习半蹲原地跳和行进跳的动作，探索怎样跳得像直立跳那样又稳、又轻、又快。提示幼儿把布袋口卷低一些，以便于完成动作。教师巡查，对个别幼儿给予必要的提示和指导，再次强调在膝盖弯曲跳起的同时，双手要提紧布袋口，防止意外发生。

（2）进行游戏活动。

①过木桥。

教师讲述："我们面前有两座'木桥'，一座是'矮桥'（平衡板），紧接地面；另一座是'高桥'（平衡木），高出地面一定距离。请小袋鼠们自由选择一座'木桥'，勇敢地在'桥'上用直立跳的方式跳过去。"教师组织幼儿在自己选择的"木桥"前面排队，一个一个按次序上"桥"跳过去。教师注意安排胆大、能力强的幼儿过"高桥"，胆小、能力弱的幼儿过"矮桥"。在幼儿过"桥"时，教师鼓励幼儿克服胆怯的心理，大胆地从"桥"

上跳过去，并提醒幼儿要注意安全。在第一轮活动过后，教师进行讲评，肯定每一个幼儿的表现。然后请过"高桥"动作熟练的幼儿介绍自己是怎样跳过去的，鼓励更多的幼儿在下一轮活动中勇敢地从"高桥"上跳过。

小朋友们过独木桥有一定的挑战性，就像我们生活当中遇到了一些困难一样，希望小朋友在遇到困难的时候要变得坚强，能像今天过独木桥一样勇敢，这样我们就会战胜困难，通过人生路上的一座座独木桥。

②钻山洞。

教师讲述："我们面前有一个'山洞'（拱形门），这个'山洞'很小，袋鼠在钻'山洞'时不能直起身子跳，只能半蹲跳。请小袋鼠们用半蹲跳的方式从'山洞'里钻过去。"教师组织幼儿在山洞前排队，一个一个按次序从"山洞"里跳过去。在幼儿钻"洞"时，教师提示幼儿注意半蹲跳的要领，注意安全。在第一轮活动过后，教师进行讲评，肯定每一个幼儿的表现。然后请动作又轻又快的幼儿介绍自己是怎样跳过去的，鼓励更多的幼儿在下一轮活动中努力提高速度。

4. 结束活动。

教师带领幼儿进行放松活动，然后一起诵读儿歌《小袋鼠》，回味刚才游戏所获得的快乐。

提高游戏活动的竞争性和趣味性。把幼儿分成两个小组，进行计时比赛，哪个小组过木桥、钻山洞花的时间少，哪个组获胜。

十四、营养金字塔

设计意图

　　幼儿的身体处于快速发育时期，如果营养结构不合理，就会影响幼儿健康成长。在实际生活中，不少幼儿都有偏食、挑食的毛病，他们喜欢多吃的食物不一定符合营养要求，他们不喜欢吃的食物往往含有人体需要的营养。为了纠正幼儿偏食、挑食的现象，教师结合幼儿的实际，引导幼儿理解"营养金字塔"表达的意义，正确认识食物营养结构，并通过学习做"营养师"亲自设计食谱的趣味活动，帮助幼儿克服偏食、挑食的毛病，形成健康的饮食意识和行为。

活动目标

　　1. 理解"营养金字塔"表达的意义，了解健康的饮食营养结构。

　　2. 参考"营养金字塔"，尝试为自己设计营养全面的配餐方案。

　　3. 喜欢营养膳食，养成不挑食不偏食的好习惯。

活动准备

　　1. 知识经验准备：幼儿了解不同食物会给身体提供不同的营养。

　　2. 物质材料准备：(1)教师制作"我们爱吃的食物"统计表(里面画有"营养金字塔"内的各种食物。(2)《营养金字塔》PPT。

活动过程

　　1. 讲述故事，导入活动内容。

　　教师讲述童话故事《国王的"营养金字塔"》(见"活动资源")，结合故事提问：这个"营养金字塔"为什么这样神奇呢？

　　通过提问激发幼儿对"营养金字塔"的好奇探求心理。

　　2. 观察画页，了解合理的食物营养结构。

　　(1)教师出示 PPT，引导幼儿了解合理的食物营养结构。

教师提问：这个"营养金字塔"有几层？每一层有哪些食物？最多的食物是什么？最少的食物是什么？这个"营养金字塔"表达了什么含义？（幼儿根据观察交流讨论）

在幼儿交流讨论的基础上，教师归纳：这个"营养金字塔"有6层，最下面的一层是一大间房，里面是水，是我们每天摄入最多的，第二层里面是谷类和薯类，是主食，数量也很多，有米饭、面条、馒头、玉米、麦片、饼干等；第三层是各种蔬菜和水果，数量也比较多；第四层是畜禽肉鱼和蛋类，数量少一些；第五层是奶制品和豆制品，数量都比较少；第六层是油盐等调料，数量很少。这个"营养金字塔"告诉我们，每天应该摄入足够的水份，吃得最多的是第二层里面的主食，吃得比较多的是第三层里面的蔬菜瓜果，吃得比较少的是第四层里面的肉禽类，吃得少的是第五层里面的奶和豆制品，吃得最少的是第六层里面的油盐等调味料。

(2)教师引导幼儿交流讨论问题：为什么"金字塔"下面的食物要多吃，上面的食物要少吃，怎样吃才能使身体健康？（幼儿根据自己的理解交流讨论）

在幼儿交流讨论的基础上，教师归纳：每种食物含有不同的营养，合理搭配进餐食物，对我们的生长发育有好处。米饭、馒头等粮食是我们进餐的主要食品，易于我们消化和吸收，可以给小朋友提供能量，保证小朋友每天有力气参加学习和活动；蔬菜、水果和奶类、豆类、肉蛋类食品可以促进小朋友长身体；甜味食品和油炸食品不易消化和吸收，吃多了还会生病，应该尽量少吃。我们只有样样食物都吃，而且按一定比例合理搭配着吃，做到不偏食、不挑食，才有助于健康成长。

3. 对照画面，自我评价饮食结构是否合理。

教师引导幼儿将自己平时喜爱吃的食物与"营养金字塔"进行对照观察，说一说自己平常吃的食物是否符合健康的营养搭配，知道有些自己喜欢吃的东西要克制少吃，有些自己不喜欢吃的东西要尽量多吃，初步克服偏食、挑食的毛病。

4. 结合实际，自己设计健康套餐。

(1)引导幼儿根据自身的实际情况，参考"营养金字塔"设计一份营养搭配合理的食谱。

(2)引导幼儿互相交流自己食谱设计的意图，根据"营养金字塔"的要求，相互分析评判是否搭配合理，营养全面，并选出最佳设计食谱若干。

活 动 延 伸

1. 利用午餐时间向幼儿介绍当天的配餐，说明为什么要这样搭配，并指明不足之处。

2. 与家长沟通教育目的，请家长在家注意为幼儿制作营养搭配合理的食物，督促幼儿克服偏食、挑食的毛病。

3. 将幼儿设计的食谱布置为墙饰，进行展示。

国王的"营养金字塔"（故事）

从前在彩虹王国里，住着一位胖乎乎的草莓国王。他的城堡餐桌上每天都堆满金灿灿的炸鸡腿、奶油泡芙塔和会流动的巧克力喷泉。可是最近，国王总是打不起精神，连最心爱的南瓜马车都爬不上去啦！

这天清晨，城堡里突然亮起一道七色光芒。戴着蔬菜头冠的魔法师西蓝花先生挥舞着胡萝卜魔杖出现："尊敬的陛下，您的身体里住着五个小精灵哦！"说着魔杖一挥，空中浮现出五个透明小人儿。

戴着厨师帽的"谷物精灵"有气无力地躺在最底层："我们每天只能吃到三片面包……"穿绿叶裙的"蔬菜精灵"和穿水果斗篷的"维生素精灵"挤在第二层直跺脚；穿着牛奶盔甲的"蛋白质骑士"在第三层打瞌睡；最顶层的"甜点小恶魔"却挺着大肚子哈哈大笑。

"快看这个！"西蓝花先生变出一座会发光的金字塔模型。底层突然涌出金黄的麦浪，变成香喷喷的杂粮粥；第二层蹦出会跳舞的西蓝花和转圈圈的草莓；第三层跳出举哑铃的鸡蛋勇士；最顶层的糖果云朵被锁进水晶盒，每天只飘出一小朵。

神奇的事情发生了！当国王按照金字塔吃饭时，城堡的砖块变成全麦饼干，护城河流淌着牛奶，连守卫的盔甲都长出菠菜叶。第七天清晨，国王惊喜地发现南瓜马车变成了彩虹滑梯，他"咻"地一下就从塔顶滑到了花园！

现在彩虹王国每周三都是"神奇食材日"，小朋友们会收到会发光的苹果种子，会种出能讲故事的胡萝卜。而甜点小恶魔呢？它变成了乖宝宝，每天午睡后才会出来跳三分钟糖果雨舞哦！

十五、游戏中的安全

设计意图

　　幼儿喜欢游戏活动，而且能别出心裁地设想并实施一些别样的游戏方式，表现出丰富的想象力和大胆的创造力。但是，由于年龄小，思维单纯，无所顾忌，往往在自主活动中忽视了安全因素，时而出现游戏安全事故。教师通过"讲述故事""交流讨论""看图表述"等活动方式，帮助幼儿认识到在游戏中注意安全的重要性，知道在进行某项游戏活动时，安全是前提，并学会考虑哪些游戏动作具有可能的危险性，尽量避免游戏安全事故的发生，增强安全防范意识。

活动目标

　　1. 知道游戏中存在着哪些危险。
　　2. 能够在游戏中注意安全，避免危险的发生。
　　3. 积累安全游戏的经验，增强自我保护意识。

活动准备

　　1. 知识经验准备：有玩游戏过程中受伤或者看到别人受伤的经验。
　　2. 物质材料准备：需要加强安全防范措施的幼儿游戏活动的录像或照片。

活动过程

　　1. 故事导入。

　　教师讲述《小狗玩滑梯》的故事（见"活动资源"），结合故事提问："小狗哪些行为不对？小狗为什么会受伤？"

　　在幼儿交流讨论的基础上，教师归纳：小狗不按次序排队，用手推小伙伴，是不文明、不礼貌的行为；小狗不从楼梯顺着上滑梯，却要从滑板倒着上滑梯，是不遵守游戏规则的行为；小狗滑滑梯时做危险的动作，又没有防范措施，导致"倒栽葱"，把鼻子擦伤了。

小朋友们，我们可不能学故事中的小狗，不仅在游戏中，就是在生活中我们也要遵守规则，养成主动排队的好习惯，做一个讲文明懂礼貌的新时代小朋友。

2. 教师引导幼儿根据日常经验讨论问题："平时游戏活动中还有哪些动作行为具有危险性?"

在幼儿交流讨论的基础上，教师罗列了一些具有危险性的动作行为：

(1)在户外活动时相互追逐、打闹、碰撞。

(2)在区、角活动时用剪刀、木棍等物品相互挑逗、嬉闹。

(3)在蹦床笼里一边弹跳，一边相互推搡。

(4)爬攀登架时注意力不集中，手不抓紧，脚不蹬牢。

(5)上下楼梯时不靠右行走，甚至蹦蹦跳跳。

(6)在没有保护的情况下，从桌子、椅子上往下跳。

(7)在喝水、洗手时把水洒在地上，导致地面湿滑。

(8)在玩沙时捧着沙向四处抛撒。

(9)在踢球时把球踢到别人的身上。

(10)做手工时把好看、好闻的东西放进嘴里。

教师结合幼儿在游戏中的实例总结：在游戏中不注意安全，会使自己和别人的身体受到伤害。

3. 我也说一说。

(1)教师引导幼儿结合自己的已有经验，说一说在游戏中应该注意避免哪些危险的动作行为。

(2)教师播放(或出示)事先拍摄的需要加强安全防范措施的幼儿游戏活动的录像或照片，说一说这些游戏活动可能有哪些危险隐患，应该怎样避免危险，或者应该加强哪些防范措施才能保证游戏的安全。

小朋友们回家以后把游戏中的危险小知识讲给爸爸、妈妈听。

小狗玩滑梯 (故事)

在一个阳光明媚的早晨，森林幼儿园的游乐区传来阵阵欢笑声。小动物们正在排队玩彩虹滑梯，毛茸茸的小狗汪汪却急得直跺脚。

"让开让开!"汪汪突然从队伍中间挤到最前面，一把推开正在准备滑下的小熊。小熊一个跟跄差点摔倒，幸好被后面的小兔扶住。大象老师正要开口，汪汪已经"咻——"地滑了下去。

　　第二次排队时，汪汪眼珠一转："正面滑多没意思！"他像小猴子一样倒着往滑梯顶上爬。正在滑下来的小兔吓得耳朵都竖起来了："汪汪快让开！"幸亏小兔及时刹车，两个小家伙差点撞在一起。

　　第三次，汪汪把大象老师的叮嘱全抛在脑后。他头朝下趴在滑梯边缘，扭着屁股喊："看我超级火箭……"话没说完就"嗖"地冲了下去。只听"咚"的一声，滑梯下传来带着哭腔的"呜呜"声——汪汪倒栽葱摔在沙坑里，粉红的小鼻子擦破了一块皮。

　　大象老师赶紧用湿巾给汪汪清理伤口："你看，小兔双手扶好把手坐得端正，小熊滑下来立刻离开出口，这才是安全游戏的方法呀。"汪汪看着重新排得整整齐齐的队伍，摸着鼻子上的创可贴小声说："我不该推小熊，不该倒着爬滑梯，更不该头朝下滑……"

　　当汪汪规规矩矩地和小伙伴们一起玩时，他发现：排着队说说笑笑比插队更有趣，和小熊击掌等待比推挤更温暖。最重要的是，当大家遵守规则时，阳光下的彩虹滑梯会带来真正的快乐！

十六、着火了怎么办

 设计意图

俗话说："水火无情。"一个小小的火星可以燃起大火，使人们的生命财产遭受巨大的损失。在现实生活中，火灾时有发生，但是幼儿的防火意识和防火能力还很欠缺。因此，让幼儿了解火灾发生的几种原因，学会在火灾事故中保护自己的生命显得尤为重要。教师通过"播放录像""交流讨论""模仿演习"等活动方式，帮助幼儿认识火灾的危害性，懂得简单的防火知识，学会火场逃生的技能和方法，增强防火安全意识。

活动目标

1. 知道基本的防火、灭火知识及火灾造成的严重后果，懂得防火安全的重要性。
2. 能够掌握必要的火灾自我保护方法和逃生技能。
3. 树立防火的安全意识。

 活动准备

1. 知识经验准备：幼儿看过有关火灾的视频，了解火灾带来的危害。
2. 物质材料准备："火灾情景""火场逃生""火灾初起"等视频，手机 2 部。

 活动过程

1. 视频导入。

（1）教师播放火灾情景的视频，让幼儿感知发生火灾造成的严重危害。在幼儿观看视频之后，教师提问：在刚才的录像中，你们看到了些什么？

在幼儿交流表述的基础上，教师归纳：一场大火烧毁了房屋、财产，有的人被大火烧伤，甚至丧失生命。对火灾造成的严重危害，我们应该有清醒的认识，懂得安全防火的重要性。

（2）教师播放火场逃生的视频，让幼儿观察火灾现场的人自救逃生的情景。

在幼儿观察视频之后，教师提问：在刚才的视频中，着火房屋里的人是怎么逃出火灾现场的？他们为什么这样做？在幼儿交流讨论的过程中，教师可回放录像的相关片段，让幼儿看清记牢录像中火场逃生的步骤和方法。

（3）在幼儿交流表述的基础上，教师归纳：

①发生火灾时不要慌张，要赶紧拨打火警电话119，说清火灾现场的具体街道地点、着火的大概原因及火势状况，以便消防人员及时赶到并正确施救。

②迅速离开火灾现场，弯着腰、低着头，沿墙向安全出口跑去。在这个过程中，不要张口大声喊叫，最好用湿毛巾捂住嘴巴和鼻子，防止被烟雾呛伤。如果人在高楼上，千万不要乘电梯，因为烟雾、热气很容易涌入电梯，导致电梯因发生故障而不能使用；也不能从窗户跳出，以免摔伤。只有走楼梯才最安全。

2. 教师播放火灾的视频，让幼儿了解火灾发生的原因。

（1）在幼儿观看录像之后，教师提问：在刚才的视频中，火灾是由哪几种原因引起的？

在幼儿交流表述的基础上，教师归纳：

①自然火灾，主要是由于雷电引火，造成火灾。

②人为火灾，主要是由于乱扔烟头、玩火、放鞭炮、用火不慎、电线起火等造成的火灾。提示幼儿不能在柴草堆垛附近燃放鞭炮、不玩火柴和打火机、不玩火烛、不开燃气灶等。

（2）教师设置相应情景，引导幼儿交流探讨在遇到这些情况时，应当采取怎样的紧急措施。根据幼儿讨论的情况，教师予以修正、补充，并进行归纳：

①当烟头引起物品冒烟或刚起火苗时，可用水及时浇灭。

②当电线冒烟或起火时，应及时关掉电闸，再行灭火。

③当油锅冒烟或起火时，直接盖上锅盖可以灭火。（穿插小实验：教师将一截燃着的蜡烛放入一个搪瓷杯里，再盖上杯盖，烛火熄灭，从而让幼儿知道这样可以使火与空气隔绝，不能继续燃烧。）

④当身上衣服燃着时，可以就地打滚，把火灭掉。

3. 演习拨打火警电话，让幼儿掌握报告火警的方法。

幼儿扮演火警报告人拨打119火警电话，报告火灾现场的具体地点、起火的大概原因及火势状况，教师扮演消防武警的接警员，接电话。训练幼儿报告火警的操作和表述能力。

4. 教师引领幼儿诵读儿歌《防火安全歌》（见"活动资源"），巩固幼儿已获的认知。

小朋友们，为了避免火灾带来的危害，生活中我们一定要防止火灾的发生，通过今天的活动，希望你能够成为一名小小防火宣传员，在家里、学校里、外出时看到安全隐患要及时指出来，通过我们的宣传避免火灾的发生，营造一个安全的社会环境。

教师组织幼儿进行火灾中紧急、有序的疏散演习，让幼儿熟悉撤离火场的路线，掌

握火场逃生的方法，训练火场自救的能力。

防火安全歌

(欢快节奏，可配合手势)

小火苗，红又亮，

乱跑就会变大狼。

不玩火柴不打火，

我是安全好榜样。

消防电话119，

湿毛巾呀捂鼻口。

弯下腰来快快走，

安全出口要记熟。

插座不是玩具屋，

电器用完要关住。

闻到焦味快告诉，

煤气阀门要照顾。

防火知识记心上，

保护自己我最棒。

做个小小消防员，

安全成长天天见！

十七、消防小勇士

设计意图

在经历了"着了火怎么办"活动后，幼儿的防火意识有所加强，并对消防队员敏捷的身手充满了好奇。为了让幼儿体验当"消防队员"的感觉，教师利用幼儿园现有的资源，布置游戏场景，收集废弃材料作为游戏器材，引导幼儿进行"救火"的游戏，帮助幼儿锻炼攀登的能力，提高跑、跳、爬、钻及平衡等各种动作技能，促进身体动作灵敏性和协调性的发展，同时培养勇于克服困难的品质。

活动目标

1. 了解消防员是如何救火的，知道"救火"游戏的玩法。
2. 锻炼和提高跑、跳、爬、钻及攀登和平衡的动作技能。
3. 学习消防员英勇无畏的精神，培养坚韧的意志和勇敢的品质。

活动准备

1. 知识经验准备：活动前带幼儿去消防队参观，看消防队员的救火现场演习。

2. 情景准备：布置游戏场地：

（1）"铁丝网"两个。将两把椅子间隔一定距离摆放，把一根长橡皮筋两端分别系在两把椅子的腿上，离地面35~40厘米。用这个设置代替铁丝网。

（2）"山洞"两个。用拱形门代替。

（3）"树林"一片。收集十几个可乐瓶，里面灌进沙子，再插入细长棍子，不规则地摆放，相互距离至少能通过一个人。用这个设置表示一片树林。

（4）"火苗"若干。在攀登架的不同高度拴上红布条（多于幼儿人数），表示火苗。

（5）"头盔"若干、"担架"若干（用大枕巾或小床单代替）、"消防水管龙头"若干（与幼儿人数相同，用纯净水的瓶子代替）、手机一部、口哨1个。

1. 基本训练活动。

教师扮演消防队队长，幼儿扮演消防队队员。"队长"带领"队员"进行准备活动和基本训练。

（1）"队长"带领"队员"活动身体：伸伸胳膊弯弯腰，扭扭屁股踢踢腿。

（2）"队长"带领"队员"进行队列训练活动：立正、稍息、立定、看齐、原地踏步走、齐步走、跑步走、集合等。

（3）"队长"指导"队员"进行基本动作练习。

2. 救火游戏活动。

（1）电话铃响，"队长"接电话，接到上级命令：某游乐场发生火灾，必须紧急前往现场灭火救人。

（2）"队长"吹响口哨，全体"队员"紧急集合，"队长"传达上级命令。同时讲解"灭火救人"的任务与路线：爬过"铁丝网"（皮筋），钻过"山洞"（拱形门），穿过"树林"（插入自立木棍的可乐瓶），扑灭"火焰"（红布条），寻找"游客"（娃娃）并救出，下攀登架后两人合作用"担架"（枕巾、床单）将"游客"抬到指定位置。

（3）"队员"戴上"头盔"，背上"水龙头"，分成两队沿路线赶赴现场。每队幼儿自愿结成2人一组，站在起点线，听到"队长"发出命令，各队排头依次出发，完成"灭火救人"的任务后按原路返回起点，和第二组"队员"击掌后，站到队尾。第二组"队员"马上出发，依次进行游戏，直到全队执行任务结束。

（4）"队长"和"队员"一起清点各队灭了几处火，救了多少人，并收拾现场。

3. 游戏结束活动。

"队长"带领"队员"进行放松整理活动，结束游戏。

教师总结：今天大家在游戏中的表现都很勇敢，日常生活中遇到这种情况时，小朋友们可不能盲目勇敢，我们要发挥自己的智慧，及时寻求大人或消防员的帮助，在自己力所能及的范围内发挥自己的力量。

充分利用园内现有的器械、材料和场地，变换游戏内容和游戏形式，组织幼儿参与其他游戏活动。

十八、我和快乐做朋友

设计意图

　　生气是一种不良的情绪反应。大班的幼儿不仅能体验外界给自己带来的不良情绪，也能观察到别人表现出的不良情绪。但是，如何排解自己的不良情绪，使自己获得快乐，是幼儿面临的难题。另外，如何帮助别人消除不良情绪，使别人获得快乐，也是幼儿不易做到的。教师通过"使自己开心"和"让别人开心"两个活动环节，让幼儿既学会排解自身烦恼、保持愉快的方法，又学会帮助别人消除烦恼、获得愉快的方法，做一个和快乐做朋友的人。

活动目标

　　1. 知道生气、发脾气等不利于身体健康。
　　2. 掌握自我调节情绪的方法，并能帮助别人变得开心。
　　3. 乐于保持快乐的情绪，并喜欢和他人分享快乐。

活动准备

　　1. 知识经验准备：幼儿了解情绪，会观察其他人的情绪。
　　2. 物质材料准备：PPT，高兴、生气、伤心、愤怒、痛苦等表情卡各 1 张。

活动过程

　　1. 图片导入。
　　教师出示两张表情卡片，一张是"生气"的表情，一张是"高兴"的表情。教师先举起"生气"的表情卡说："喜欢'生气'表情的小朋友请举手。"（教师统计举手的人数。）再举起"高兴"的表情卡说："喜欢'高兴'表情的小朋友举手。"（教师统计举手人数。）教师将两次举手人数进行对比之后讲述：看来小朋友都喜欢"高兴"的表情。
　　2. 教师讲述《小亮生气的时候》的故事（见"活动资源"）。
　　结束故事提出以下问题，请幼儿交流讨论：

(1)你们喜欢小亮吗？为什么？

(2)生气、发脾气为什么不好？

在幼儿交流讨论的基础上，教师小结：大家都不喜欢小亮，因为小亮生气、发脾气的样子很难看。遇到不称心的事就生气、发脾气，甚至哭闹、摔东西，可是问题最终还是得不到解决。生气、发脾气的时间长了，就会影响身体健康，还会失去很多好朋友。

3. 教师引导幼儿交流讨论下列问题：

(1)在日常生活中，你有过不高兴或生气的事吗？

(2)如果遇到不称心的事，你有什么好的解决办法使自己变得开心？

在幼儿交流讨论的基础上，教师小结，介绍以下几种排解不良情绪，使自己变得开心的方法：

①与人游戏。当遇到气恼的事情后，就去找同伴一起做游戏，转移自己的注意力，感受同伴愉快的情绪，感受游戏的快乐，使自己开心起来。

②向人倾诉。当你遇到不开心的事情后，可以把自己的心里话讲给爸爸妈妈、老师和好伙伴听，通过与他人交流，能够得到一定的慰藉，使自己的心情变得开朗起来。

③唱歌跳舞。当遇到烦心的事情后，就大声地唱歌，或者尽情地跳舞，做一些令人高兴的事情，排解内心的烦恼和气愤，把不愉快的情绪淹没下去，使自己高兴起来。

教师讲述：以上这些方法可以帮助我们调节自己的情绪，使自己开心，和快乐做朋友。

(3)教师请幼儿观看 PPT，观察"当自己不开心的时候"组画，判断画面中小朋友行为的对错。

4. 让别人开心。

(1)教师讲述并提问：当自己遇到不称心、不如意的事情后，内心都有切实的体验。但是，当别人遇到不称心、不如意的事情后，你能感觉到吗？你是怎样感觉到的？

在幼儿交流讨论的基础上，教师小结：当别人遇到不称心、不如意的事情后，一般都会把内心的情绪流露在面部表情上，(出示几个不良情绪的表情卡片)这些表情有的是生气、有的是伤心、有的是愤怒、有的是痛苦，我们通过观察表情就知道他不愉快、不开心。

(2)教师提问：当你的家人或者好伙伴遇到不称心、不如意的时候，应当怎样去做，让他开心起来？

在幼儿交流讨论的基础上，教师列举几种情景，介绍如何帮助别人排解、消除不良情绪，让别人开心起来。

①爸爸妈妈不在家，奶奶生病了。你可以关心地去问候奶奶，用你的小手抚摸奶奶疼痛的地方，再给爸爸妈妈打电话。奶奶会为你的懂事感到欣慰，暂时忘记了自己的疼痛。

②爸爸下班回家的时候，脸上有些阴沉。你要亲热地叫一声："爸爸，你回来了。"再拿一双拖鞋让爸爸换上，然后把自己高兴的事讲给爸爸听，把自己愉快的情绪传染给

爸爸，让爸爸开心起来。

③小伙伴的玩具损坏了，他正在生气。你可以把自己的玩具拿来，邀请他和你一起玩，让他转移注意力，感受和你一起玩耍的愉快，变得开心起来。

④小伙伴在学习或生活中遇到了困难，他为不知道怎么办而发愁。你可以主动向他了解情况，和他一起想办法解决问题。如果实在想不出什么好办法，可以告诉家长或老师。问题解决了，小伙伴自然也就开心了。

教师讲述：我们在帮助别人，让别人开心的时候，自己同时也得到了快乐，让大家一起和快乐做朋友。

教师设置几种情景，让幼儿试着演习调节自己的不良情绪，并且帮助别人排解不良的情绪。

小亮生气的时候(故事)

幼儿园大班的窗台上，小亮正踮着脚搭彩色积木塔。阳光透过玻璃窗把积木染成蜜糖色，眼看就要搭到第十层——"哗啦!"调皮的橘猫毛毛突然跳上窗台，整座塔瞬间崩塌。

"坏毛毛!"小亮的脸蛋像烧开的水壶一样涨得通红，他把积木狠狠扔在地上，小皮鞋把木地板踩得咚咚响。小朋友们吓得后退两步，朵朵的蝴蝶结发卡都晃歪了。

午后的美术课上，小亮握着蜡笔的手在发抖。他画了37次太阳，可圆圆的太阳总像被咬了一口的月饼。"刺啦——"画纸突然被撕成雪花，红蜡笔"啪"地摔成两截。林老师轻轻擦掉他眼角的泪花时，发现他的手心冰凉。

周五的足球赛成了导火索。当球鞋第三次蹭到草地时，小亮突然抱住肚子蹲了下来。保健室里，看着体温计上正常的刻度，校医阿姨温柔地说："生气会让肚子里住进小刺猬哦。"

"我们来玩彩虹呼吸法好吗?"林老师把彩虹色黏土放在小亮手心。吸气时黏土变成胖云朵，呼气时拉出七色彩虹。当第十朵彩虹在指尖绽放时，朵朵带着新积木来敲门，阳光再次照在正在捏黏土的小手上。

十九、猫捉老鼠

 设计意图

在天气阴雨绵绵的时候，幼儿的室外活动要改在室内进行。教师充分借助室内的生活、教学设施，使之成为可利用的资源，变成体育游戏器材，并且赋予一定的情节，使幼儿在游戏中既活动了身体，又获得了愉快情绪的体验。

活动目标

1. 知道游戏规则和参与游戏的方法。
2. 遵守游戏规则，能够快速反应，做到动作迅速、灵活。
3. 体验室内游戏的快乐，发扬团结合作的精神。

活动准备

1. 知识经验准备：幼儿有过类似室内游戏活动的经验，掌握游戏的规则。
2. 物质材料准备：玩具猫、老鼠各 1 只，纯净水瓶(当"油瓶")1 个，小椅子若干(与幼儿数相同)。

 活动过程

1. 音乐导入，听听是什么声音。

播放有关猫和老鼠的音乐，教师引导幼儿模仿猫走路(轻快)、捉老鼠(猛扑)以及老鼠偷油(小心)、逃跑(仓皇)的动作。

2. 基本活动。

游戏一：

(1)教师带领幼儿摆放小椅子：将小椅子间隔一定距离(能稍有余地坐下一个幼儿)摆成一个圆圈，小椅子侧面对圆圈中心，椅背都顺着一个方向排列。然后每个幼儿都朝同一个方向坐在小椅子上，不能有空座(如有空座将其撤出)。

(2)游戏开始时，教师把玩具老鼠递给任一幼儿，该幼儿立即把玩具老鼠从头顶上传给下一个幼儿，依次传下去。当玩具老鼠传到第四、第五位幼儿时，教师再把玩具猫递给原来那个幼儿，继续像传玩具老鼠那样传下去，形成"猫追老鼠"的场面。这时教师摇响铃鼓，并且频率越来越快，幼儿也随着加快传递的速度。在传递过程中，如果玩具猫或玩具老鼠掉到地上，捡起来再传。如果玩具猫和玩具老鼠同时在一个幼儿手上，表示猫追上了老鼠。那么，这个幼儿要受罚，必须表演一个节目。

（这个游戏可反复进行）

游戏二：

（1）教师带领幼儿把小椅子摆放成一个圆圈，椅背朝着圆圈外。然后每个幼儿都朝圆圈中心坐着。另外将两把小椅子背靠背地放在圆圈中心，其中一把小椅子上摆放一个纯净水的瓶子，当作油瓶。

（2）游戏开始时，教师把玩具猫递给任一幼儿，该幼儿立即把玩具猫顺时针或逆时针方向传给下一个幼儿，依次传下去。同时，教师闭着眼睛摇响铃鼓，过一段时间后停止摇动，这时玩具猫在谁的手上谁就扮演猫。然后用同样的方式传递玩具老鼠，选出一个幼儿扮演老鼠。扮演猫的幼儿坐在圆圈中心的空椅子上，扮演老鼠的幼儿坐在原位上。

（3）当教师发令"开始"，幼儿一起诵读儿歌《小老鼠上灯台》，同时，扮演老鼠的幼儿起身"偷偷摸摸"地去"偷油瓶"，把油瓶拿到手的时候，必须身体原地打一个转（表示在地上滚了一滚），然后快速跑到原位坐下来，表示"偷油瓶"成功。在儿歌念到最后一个字的时候，扮演猫的幼儿迅速跳起去"捉老鼠"。

（4）如果扮演老鼠的幼儿被抓住，就成了"猫"的俘虏，被停止参与游戏，站在一旁观看别人做游戏。游戏重新开始。如果扮演猫的幼儿没能捉住"老鼠"，也被停止参与游戏，站在一旁观看别人做游戏。游戏也重新开始。

3. 结束活动。

教师讲评游戏活动的情况，表扬在活动中表现突出的幼儿，指导幼儿收拾活动器材，把小椅子还原。

小朋友们真能干，活动结束后我们要养成收拾整理器材的习惯，自己的事情自己做，集体的事情大家一起做，在集体生活中我们都是参与者，要尽自己的一份力。

活动延伸

小朋友们回家以后可以和爸爸妈妈一起玩猫和老鼠的游戏。

二十、会动的身体

设计意图

　　幼儿天生好动，并且对身体的活动有浓厚的兴趣。教师和幼儿一起交流讨论，探索身体运动的机能，了解身体外部和内部哪些部位能动，让幼儿知道运动是生命与活力的外显特征，知道要注意维护身体正常的活动机能，注意按一定的规律生活和活动，培养幼儿热爱运动的兴趣和积极性。

活动目标

1. 了解身体很多部位能够活动，知道维持身体活动的重要性。
2. 能够科学合理地完成不同身体部位的活动。
3. 乐于进行一些简单的基本活动，保持良好的运动习惯。

活动准备

1. 知识经验准备：幼儿已经掌握一些运动方法，知道运动对身体有好处。
2. 物质材料准备：关于心脏结构 PPT，射灯、遥控器。

活动过程

1. 进行手影表演，导入活动主题。

　　教师借助射灯向墙壁上投放"小鸟飞""小狗叫"等手影表演，激发幼儿的兴趣。

　　教师提问："墙上的小鸟翅膀为什么能飞？小狗的嘴巴为什么能张开叫？"让幼儿知道墙上的"小鸟飞"和"小狗叫"是手指灵活活动的结果，并告诉幼儿这次活动就是探讨我们的身体哪些部位能够活动。

2. 探寻身体外部能够活动的部位。

　　了解身体外部哪些部位能够活动：

　　(1)教师提问："刚才老师表演手影是手指在活动，那么我们做操的时候，身体的哪些部位在活动呢？"教师指点几个幼儿到前面做操，并提示幼儿注意身体哪些部位在活动。

在幼儿交流表述的基础上，教师进行归纳：我们的头部、肩部、手、脚、腰部和臀部都可以活动，这些部位的活动，可以满足我们日常生活的需要，还可以帮助我们进行游戏活动和体育活动。

（2）教师提问："除了做操时的那些部位可以活动，我们身体还有哪些部位可以活动？"教师提示幼儿尝试动一动自己脸上的各个部位，说说自己的发现。

在幼儿交流表述的基础上，教师归纳：我们的额头可以皱拢和松开，眉毛可以上扬和下压，眼皮可以眨动，眼球可以转动，鼻子可以耸动，嘴巴可以张合，就连脸上的肌肉都可以抽动。这些部位的活动，可以丰富我们的表情，辅助表达我们的想法和情绪。

3. 探究身体内部可以活动的部位。

教师讲述并提问："对于身体外部可以活动的部位，我们看得见，摸得着，那么，我们身体内部哪些部位可以活动呢？我们怎样感觉到这些部位在活动呢？"

教师让幼儿将右手放在左胸上，屏息体验有什么感觉，让幼儿感知自己心脏在跳动。教师结合PPT进行讲解：心脏跳动，是心脏在搏动，它一下舒张，一下收缩，是为了帮助血液在全身循环活动，给全身各个部位输送营养和氧气。

另外，当我们吃进食物后，胃部就在活动了，它帮助我们消化食物，把食物变成人体需要的营养；我们有时感到肚子疼，那也是胃部受到不适的刺激而活动的表现。当我们解大便的时候，需要大肠蠕动，把粪便排挤到体外。总之，我们身体的内部也有许多部位都可以活动。

4. 了解维护身体正常活动机能的要求。

（1）教师讲述：我们身体外部和内部很多部位都能够活动，那是保障我们生命与活力的需要，换句话说，活动是我们生命与活动的表现特征。我们要维护身体机能的正常活动。那么，我们日常的行为应该符合哪些要求呢？

（2）在幼儿交流讨论的基础上，教师归纳：

①我们每天要按一定的规律生活、学习，不扰乱身体内部的活动机能。比如按时睡觉、起床，定时进餐、合理搭配营养进餐，等等。

②我们每天要坚持户外活动和体育运动，不断提高自己的运动技能，促进身体的发育，增强体质。

③注意安全，加强自我保护，不让自己的身体受到伤害。

身体的每个部位对于人体都有重要的作用，我们要重视身体各个部位的保护，也要关注和关爱自己的身体部位。

教师引导幼儿进行"我们都是机器人"的活动，进一步体验身体主要部分的活动机能。

我们都是机器人（游戏活动）

教师与幼儿一起合作游戏。教师手拿遥控器，有韵律地发出一个个指令，让幼儿按机器人的模样做出与指令相符的动作（不借助实物），并静止不动。

教师先手拿遥控器指向单个的幼儿，发出不同的指令，让幼儿做出不同的机器人动作。教师还可以将幼儿分成几个小组，手拿模拟遥控器指向不同小组的一群幼儿，发出不同的指令，让各小组幼儿做出不同的机器人动作，而各小组内的幼儿做出相同的机器人动作，增加游戏的趣味性。

附游戏口令：

1. 我们都是机器人，拿起枪来打敌人。
2. 我们都是机器人，脚踢足球进大门。
3. 我们都是机器人，专心看书不走神。
4. 我们都是机器人，摸鱼不怕湖水浑。
5. 我们都是机器人，两手平举要对称。
6. 我们都是机器人，跃马扬鞭往前奔。
7. 我们都是机器人，休息一下坐板凳。
8. 我们都是机器人，金鸡独立要平衡。

（教师还可以自编口令）

二十一、每天喝牛奶

设计意图

牛奶是营养丰富的食品，有益于人体健康。幼儿应该每天喝牛奶，促进身体的发育，增强体质。但是，有的幼儿却不喜欢牛奶的味道，有的幼儿喝了牛奶后出现腹部不适的症状。针对这些情况，教师通过"欣赏广告""交流讨论""分类品尝"等活动方式，提高幼儿对奶制品的兴趣，帮助幼儿了解牛奶制品中丰富的营养成分对成长的益处，鼓励幼儿根据自己的实际情况，每天按时喝牛奶或食用其他牛奶制品。

活动目标

1. 认识牛奶及不同的牛奶制品，知道每天喝奶有利于身体健康。
2. 能坚持做到每天喝一杯牛奶或食用一定的牛奶制品。
3. 喜欢喝牛奶，养成喝牛奶的习惯。

活动准备

1. 知识经验准备：幼儿初步了解喝牛奶对身体有好处。
2. 物质材料准备：（1）有关牛奶和其他牛奶制品的广告录像片段及宣传画等；（2）各种牛奶制品：甜牛奶、纯牛奶、酸奶、加锌奶、高钙奶、AD钙奶、豆奶、奶片、奶粉等。

活动过程

1. 由广告导入活动主题，引起幼儿的兴趣，并了解牛奶的营养价值。

（1）教师学着电视广告的语调念广告语："一杯牛奶强壮一个民族""滴滴醇香，回味绵长""今天，你喝了没有？"

教师提问："你们听到过这些语句没有？在哪里听到过这些话？这些话是什么意思？"

在幼儿交流表述之后，教师对幼儿的正确答案给予肯定，告诉幼儿这次活动的主题是讨论喝牛奶的问题。

(2)教师引导幼儿欣赏几个牛奶和牛奶制品的广告录像(或观看、阅读各种乳制品的宣传广告画),请幼儿结合广告说说牛奶中哪些营养成分对我们身体有好处,有什么好处。

在幼儿交流讨论的基础上,教师归纳:牛奶中含有丰富的蛋白质、钙质、维生素等营养成分,对小朋友长身体有许多好处。例如,牛奶中有丰富的蛋白质,能让肌肉长得更结实;牛奶中所含的钙质,是人体钙的最好来源,能促进小朋友骨骼、牙齿的成长;牛奶中还含有很多维生素,长期喝牛奶,身体会很棒。小朋友正在长身体,更加需要营养。所以,要天天喝牛奶,才能长得更聪明、更高、更结实。

2. 请幼儿品尝牛奶和不同牛奶制品的味道,促使幼儿获得良好的心理感受。

(1)教师出示不同的牛奶和牛奶制品(如纯牛奶、甜牛奶、酸奶、加锌奶、高钙奶、AD钙奶、豆奶、奶片、奶粉等),请幼儿自由品尝,在共同享用中体验品尝的快乐。

教师引导幼儿说说牛奶和每种牛奶制品的味道,在幼儿交流表述的基础上,教师予以补充:现在市面上除牛奶外,其他牛奶制品的种类很多,都可以不同程度地给我们提供人体必需的营养。如果不喜欢牛奶味道的小朋友,可以喝稍加一点糖的牛奶,改善口感。

有些不适宜喝牛奶的小朋友可以喝酸奶或其他牛奶制品;个别小朋友如果实在不愿意喝牛奶或牛奶制品,或由于生理情况不能够喝牛奶或牛奶制品,还可以每天喝豆浆,豆浆的营养价值也很高,对身体也有好处。

(2)让幼儿说说自己喜欢喝哪一品牌的牛奶或哪一类的牛奶制品,并把它的广告宣传画或产品包装画出来。

3. 帮助幼儿了解喝牛奶的科学方法,消除认识和操作上的误区。

教师引导幼儿根据自己已有的经验,交流讨论喝牛奶时应该注意哪些事项。在幼儿交流表述的基础上,教师归纳:

(1)牛奶一定要煮沸后饮用。牛奶在生产运输过程的各环节中都有可能受到结核杆菌、痢疾杆菌等有害菌群的污染,市场上的袋装牛奶虽然都普遍进行了灭菌消毒,但不可能做到非常彻底,残留的细菌在适宜的温度下会继续繁殖,会引起腹泻等症状,因此牛奶一定要煮沸后饮用。

(2)牛奶最好不要直接加热和煮沸时间太久。牛奶直接加热和煮沸太久会使牛奶的营养价值和色、香、味均有所降低,以致我们的口感和营养的摄取大打折扣。

(3)喝牛奶时不要加红糖。加了红糖会使牛奶蛋白质发生变性,引起消化功能失调,甚至阻碍铁等微量元素的吸收,从而发生"牛奶性贫血"。所以喝牛奶时不要加红糖,但可以适量加些白糖或冰糖调味。

(4)喝牛奶时不要直接大口饮用,要用汤匙送入口中并慢慢吞咽。大口饮用时,可能会对肠胃虚弱的人造成腹泻和腹胀。慢慢吞咽会有利于唾液与牛奶进行中和,帮助人体对营养的消化和吸收。

（5）不要空着肚子喝牛奶，最好与一些淀粉类的食品同食。肚子饥饿时，肠胃蠕动快，大大缩短了牛奶在胃里的停留时间，不利于营养消化吸收，如果喝牛奶的同时吃一些馒头、面包等淀粉类食物就可以帮助人体充分吸收牛奶的丰富营养。

（6）喝了牛奶后一个小时内不要吃水果或饮果汁。果汁成分往往会使牛奶中某些蛋白质在胃内凝固成块，使人体不易吸收。

小朋友们，我们要每天一杯牛奶，健康好身体，喜欢喝牛奶的小朋友不能暴饮暴食，不喜欢的小朋友也不能浪费，养成正确饮用牛奶的好习惯。

1. 每天早餐时，教师鼓励幼儿喝牛奶或其他牛奶制品（不能喝牛奶的幼儿喝豆浆）。
2. 与家长沟通，家园共同培养幼儿每天喝牛奶或其他牛奶制品的良好习惯。

二十二、认识安全标志

 设 计 意 图

幼儿好奇心强，什么都想看一看、摸一摸，然而由于他们缺少生活经验和常识，不能很好地把握什么事情能做，什么事情不能做。遇到突发事件时不知如何处理，缺少积极的自我保护的能力和技巧，因而在日常生活中常常发生一些意外损伤。为保证幼儿的健康和安全，防止意外伤害的发生，除了对幼儿进行交通安全教育外，还要加强生活中其他安全方面的教育。教师通过"认识安全标志""了解安全标志的意义""自制安全标志"等活动环节，教给孩子必要的安全知识，让幼儿知道一些突发事件的处理方法，提高安全意识，进一步培养幼儿的自我保护意识和能力。

活 动 目 标

1. 认识日常生活中常见的安全标志，懂得一些基本的安全知识。
2. 能自制简单的安全标志，能用正确的方法处理突发事件。
3. 增强安全意识，提高自我保护能力。

活 动 准 备

1. 知识经验准备：将《关于安全标志的调查表》提前两天由幼儿带回家交给家长，请家长带领幼儿搜寻出除交通安全以外的安全标志，并和幼儿一起填表。
2. 物质材料准备：(1)安全标志图片若干；(2)事先创设好逛公园、动物园、商场等活动环节的场景；(3)纸箱 2 个、幼儿用的小标志若干，幼儿设计标志用的纸笔等材料若干。

活 动 过 程

1. 活动导入，认识安全标志。

(1)教师出示幼儿已熟知的"人行横道线"的交通安全标志，提问："这是什么标志?"等幼儿回答问题之后教师讲述："关于交通安全一类的主要标志，小朋友都知道，而且都能按这些标志去做。今天我们要认识另外一些安全标志，看看这些标志含有哪些意思。"用幼儿的"已知"导入，激发他们探求"未知"的欲望。

(2)教师让幼儿拿出事先和家长一起填写的《关于安全标志的调查表》，请几个幼儿把和家长一起搜寻到的安全标志展示给小伙伴们看，说一说这个标志是在哪里看到的，并介绍这个标志的颜色、形状、图案及其所表示的意思，然后将调查表贴在演示板上。教师在幼儿表述的基础上，适当予以纠正和补充。

2. 了解安全标志的意义。

(1)教师请幼儿观察演示板上不同的标志，提问："这些安全标志怎么形状、颜色都不一样呢?""它们分别表示什么意思呢?"

在幼儿讨论、回答问题的基础上，教师归纳：这些安全标志分三个种类，第一类是红色的圆形，中间有一条斜杠，底色是白色的，这一类标志叫作"禁止标志"，含义是不准或制止人们的行为，如"禁止吸烟"等;

第二类是黑色的三角形，底色是黄色的，这一类标志叫作"警告标志"，含义是使人们注意可能发生危险，如"当心火车"等;

第三类是绿色的正方形或长方形，底色是白色的，这一类标志叫作"提示标志"，含义是适宜的目标方向，如"安全通道"等。下面我们来一起认识各类常见安全标志。

(2)教师先后出示"禁止烟火""禁止游泳""禁止触摸"等安全标志，提问："这些是什么标志""它们分别表示什么意义?"

在幼儿讨论回答问题的基础上，教师小结：

①这是"禁止烟火"的标志，红圈、斜杠里面有一根燃烧的火柴，表示这里是容易着火的地方，不允许有一点儿火星，否则就会发生火灾。

②这是"禁止逗留"的标志，红圈、斜杠里面有一个站着的人，表示这里是危险地段，禁止在这里停留，否则会遭受危险。

③这是"禁止游泳"的标志，红圈、斜杠里面有一个在水里游泳的人，表示这里水流湍急，或者没有安全设施，禁止在这里游泳，否则有溺水身亡的危险。

④这是"禁止触摸"的标志，红圈、斜杠里面有一只手，手上面有一条短横线，表示这里隐藏着安全隐患，如果触摸可能发生危险。

(3)警告标志。

教师先后出示"当心触电""当心伤手""当心滑跌""当心中毒"等安全标志，提问："这些是什么标志?""它们分别表示什么意义?"

在幼儿讨论回答问题的基础上，教师小结：

①这是"当心触电"的标志，黑色的三角形内有一个闪电图形，表示这里有电，请赶快离开，否则会发生触电事故。

②这是"当心伤手"的标志，黑色的三角形内有一只手，手上楔入了一根铁钉，意思是请赶快离开，否则可能不小心被利器刺伤。

③这是"当心滑跌"的标志，黑色的三角形内有一个人在斜坡上滑倒，表示这里地

面不平，或者路面光滑，路过要小心保持身体的平衡，否则容易滑跌受伤。

④这是"当心中毒"的标志，黑色的三角形内有一个人的头骨，上面还有一个叉叉，表示这里有产生毒气、毒雾的药品，请赶快离开，否则有中毒的危险。

（4）提示标志。

教师先后出示"安全通道""紧急出口""消防警铃"等安全标志，提问："这些是什么标志？""它们分别表示什么意义？"

在幼儿讨论回答问题的基础上，教师小结：

①这是"安全通道"的标志，绿色的正方形或长方形中有一个人朝着箭头指引的方向行走，表示当遇到危险的时候走这一条通道比较安全。

②这是"紧急出口"的标志，绿色的正方形或长方形中有一个人正向门外跑去，表示当遇到紧急情况时，可以从这里迅速疏散撤离。

③这是"消防警铃"的标志，绿色的正方形或长方形中有三个圆圈，圈内有一个铃铛，旁边还有一个指示箭头，表示这里有消防警铃，如果在大型商场或车站、机场遇到火灾可以按铃呼救。

小朋友们，各种安全标志要牢记，不同场合要注意，你我共同来遵守，社会安全有秩序。

3. 自制安全标志。

教师讲述：今天我们认识了许多标志，知道了各种标志的含义，也知道了见到它们应该怎么办。但幼儿园里还有很多小朋友不懂得要注意安全。下面请你们当一回"小小设计师"，帮幼儿园设计一些安全标志，并贴在相应的地方以提醒大家注意安全。

教师可先让幼儿分组讨论：幼儿园哪些地方需要标志？需要设计怎样的标志？幼儿通过互相交流讨论，确定设计方案，然后由一个幼儿当"设计主管"，其他幼儿帮着出主意，设计出一幅比较满意的幼儿园安全标志图。

1. 教师组织幼儿进行"山洞淘宝"的游戏。教师事先将部分安全标志的卡片放入两个箱子里，然后将幼儿分成两组，让两组幼儿分别在两个箱子里摸标志卡片，摸出后说出标志的名称，以及遇到这个标志应该怎样做。

2. 让幼儿把设计好的安全标志贴在幼儿园相应的地方，并向低年龄班的弟弟妹妹宣传这些安全标志相关的知识，提示他们注意安全。

二十三、蒙眼游戏

　　幼儿习惯用一双明亮的眼睛生活、学习，如果没有这一双明亮的眼睛，对他们而言将是不可思议的事情。假若只是让他们蒙上眼睛做一做游戏，他们又会表现得很有兴趣，因为这样的活动具有一定的挑战性，符合幼儿的心理需求。教师组织幼儿进行蒙眼游戏，让幼儿体验看不见的艰难，进一步懂得保护眼睛的重要性，同时训练方位感觉的灵敏性和准确性，发展定向和平衡能力。

活 动 目 标

　　1. 知道蒙眼游戏的玩法和保护眼睛的重要性。
　　2. 能顺利完成蒙眼原地自转和向前行走的动作，提高定向和平衡能力。
　　3. 感受蒙眼游戏的乐趣，增强勇敢的精神品质。

活 动 准 备

　　物质材料准备：黑色眼镜(不透光，可用纱巾代替)若干(与幼儿人数相同)，粉笔若干，剪纸太阳花若干，舒缓的音乐。

活 动 过 程

　　1. 准备活动。
　　(1)教师带领幼儿进行队列训练：立正、稍息、左转、右转、后转、齐步走、立定。
　　(2)教师带领幼儿活动身体：摇摇头、伸伸臂、弯弯腰、踢踢腿。
　　2. 主体活动。
　　(1)听信号，蒙眼做动作。
　　教师带领幼儿来到空旷场地，请幼儿分散站开，每人胸前挂着眼镜，用粉笔在地上自画一个比双脚大的圆形(或方形)，站在中间。

教师讲解游戏的内容和规则：当老师发令"蒙眼"时，每个人都戴上黑色眼镜，听老师的指令在原地做动作，做动作时不准摘掉眼镜，也不能偷看。当老师发令"睁眼"时，大家摘下眼镜，看看自己是否还站在原位，仍在原位的幼儿为胜，获得一朵太阳花。

教师发令"蒙眼"后，相继发出"蹲下来""站起来""跳跳跳""向左转""向右转""向后转""转一圈"等指令，幼儿一一按指令做动作。在教师发令"睁眼"后，每个幼儿检查自己脚站的位置是否还是站在原位。没有超出圆形(或方形)的幼儿都获得一朵太阳花。

(2)听声音，蒙眼找朋友。

①教师组织幼儿站成两横排，相距3~5米，每两个幼儿相对站立。

教师介绍游戏玩法：相对的两排幼儿组各选出一名代表用猜拳的方法决定谁先闭眼找朋友。一排幼儿先闭眼(或戴黑镜)，向对面一排的幼儿走去，对面的小朋友叫蒙眼小朋友的名字，并说："我是某某某，我是你的好朋友。"蒙眼的小朋友向自己的朋友走去，并根据对方的声音找到朋友。两人高兴地拉拉手，再轮换进行游戏。

②在轻柔音乐的伴奏下，幼儿根据教师介绍的方法进行游戏活动。

游戏后，教师让幼儿说说怎样才能很快走到朋友身边，分析为什么没走准。教师帮助幼儿归纳：前行时身体要正，脚也要正，大胆迈步，但步伐要小，还要仔细听辨朋友的呼唤声，随时调整自己的方向，才能准确地找到朋友。

幼儿再次游戏时，尝试迅速找到朋友的方法，体验蒙眼活动的困难和获得成功的乐趣。

小朋友们，蒙上眼睛做游戏，大家有什么感受呢？生活中有很多的盲人是一直都看不到的，他们生活中会遇到更多的困难，还有很多残疾人，不能像我们健全人一样生活，我们要关爱他们，要乐于帮助他们。

下次活动教师组织幼儿进行"摸鼻子"(见"活动资源")的游戏，增加活动的难度和趣味性，进一步训练幼儿的定向和平衡能力。

摸鼻子(游戏活动)

在墙壁适当的高度贴一张较大的人脸画像(鼻子可稍画大一点)，然后距离墙面3米外的地方画一条横线，幼儿在横线处排队站立，依次对正目标后，闭目走过去触摸墙上"大脸"上的鼻子，然后睁开眼睛看自己摸的位置，看谁摸得准。

二十四、保护我们的耳朵

 设 计 意 图

　　耳朵是人体的一个重要器官。幼儿由于年龄小，对耳朵的重要作用认识不足，加上自我保护的能力较弱，经常因为自身或外界的因素致使耳朵受到伤害。教师通过引导幼儿体验、交流等活动，帮助幼儿了解耳朵的功能和结构，感受耳朵的重要作用，学会保护耳朵、应对意外的方法，增强自我保护的意识。

活 动 目 标

　　1. 初步了解耳朵的结构和功能，知道保护耳朵的注意事项，懂得保护耳朵的重要性。

　　2. 日常生活中能用正确的方法保护自己的耳朵。

　　3. 养成正确、文明的用耳习惯。

活 动 准 备

　　1. 知识经验准备：幼儿已经知道耳朵是身体的一部分，以及耳朵的功能。

　　2. 物质材料准备：易拉罐 3 个(里面分别装入沙子、豆子、硬币，并封好口)，耳朵构造模型 1 个(或耳朵构造图片 1 张)。

活 动 过 程

　　1. 进行猜谜活动，引出活动主题。

　　教师请幼儿猜谜语：左一片，右一片，隔座大山不相见。提示幼儿谜底是人体的一个器官，引导幼儿猜出谜底后，告诉幼儿这次活动的主题就是"耳朵"。

　　2. 了解耳朵的功能和结构，懂得保护耳朵的重要。

　　(1)听一听。

　　①教师逐个摇晃分别装入沙子、豆子、硬币的易拉罐，让幼儿听辨声音，猜猜这几个易拉罐里分别装的是什么。幼儿根据自己已有的生活经验，交流说出自己听辨之后的

结论。然后教师撕开封口进行验证。

②教师用收录机播放欢快的音乐、忧伤的音乐、刺耳的声音，让幼儿说说听完各段声音之后自己的感受。

③教师让幼儿闭上眼睛，头和身子都不动。教师在不同的地方摇响铃鼓，让幼儿说出声音传来的方向。

④教师小结：我们的耳朵能够听辨几种不同的声音，也能够根据声音感受不同的情绪，还可以听声音辨别方向。耳朵是我们人体的重要器官，我们日常生活中少不了它。

（2）摸一摸。

教师让幼儿摸一摸耳朵外廓，说说自己摸的感觉。在幼儿交流表述的基础上，教师小结：外耳廓是耳朵唯一露在外面的东西。它由软骨支撑着，不软也不硬。它起着聚拢声音、把声音送入耳朵里面去的作用。

（3）看一看。

教师让幼儿借助小手电的光，互相看一看对方耳朵里有些什么。在幼儿交流表述的基础上，教师小结耳朵的两大作用（出示耳朵构造模型或耳朵构造图片）。

①听觉作用：与耳外廓相接的是外耳道。声音是从外耳廓送到这里传进去的。外耳道有很多细微的茸毛，阻挡灰尘进入里面，灰尘在这里就形成了耳屎。声音从外耳道进去后就遇到耳膜。耳膜是什么样的东西？它有什么作用呢？

（穿插实验小游戏：让幼儿用嘴巴凑近气球说话，感知气球的振动。）耳膜是像气球皮一样有弹性的膜，当声音传到耳膜上的时候，就会使耳膜产生振动，把声音传进内耳道，再由耳蜗传递给耳神经，在大脑的帮助下就听到声音了。声音小，耳膜就振动小；声音大耳膜就振动大。

②平衡作用：在耳朵里面上部有三根弯曲的小管，叫作半规管，它是我们人体的平衡系统。三根小管里装着像水一样的液体，当我们身体位置发生改变时，这些小管里的液体就会流动，通过神经传达给大脑，大脑就根据这些液体的流动来判断我们身体位置改变的状况保持平衡。每个人的平衡能力不一样，但平衡能力是可以通过锻炼来提高的。小朋友平常玩的走独木桥、过小河的游戏，就可以锻炼和提高我们的平衡能力。

3. 互相交流讨论，学习保护耳朵的方法。

教师讲述并提问：小朋友们，我们已经了解了一些耳朵的功能和构造的常识，认识到耳朵在我们日常生活中起着非常重要的作用。那么我们应该怎样保护耳朵呢？

在幼儿交流讨论的基础上，教师归纳：

（1）千万不要把异物塞进耳朵里，也不要随意掏耳朵，以免损伤耳道，造成发炎。如果刺伤耳膜就会有失去听力的危险。

（2）尽量少戴耳机听音乐或故事，因为声源离耳膜近，容易受到损伤。看电视、听广播时音量要适中，减轻耳膜的压力。

（3）远离噪声，听到噪声时要用双手捂住耳朵，以免噪音过于刺耳。

（4）平时对人讲话不要大声嚷嚷，音量保持适中，这也是文明礼仪的表现。

（5）游泳时最好用耳塞，避免水进入耳道里；如果耳道进水，可以歪头单脚跳，使水流出耳外。洗头、洗澡时，也要防止脏水进入耳道。

（6）在日常生活中，不要拿硬物互相挑逗、打斗，以防意外伤害耳朵。

（7）冬天要注意耳朵的保暖，以免冻伤。

（8）如果耳痛、耳鸣、头晕、出血、流脓，应尽快找医生治疗。

下次活动教师组织幼儿进行"手势传话"（见"活动资源"）的游戏，使幼儿进一步认识到保护耳朵的重要性。

手势传话（游戏活动）

设置若干隔板。在第一个隔板间里，1 号幼儿用手势向 2 号幼儿表达自己的意思；2 号幼儿认为自己看懂 1 号幼儿的意思后，就到第二个隔板间里向 3 号幼儿重复 1 号幼儿所做的手势；3 号幼儿再到第三个隔板间里向 4 号幼儿重复 2 号幼儿所做的手势……直到最后一名幼儿看到上一个幼儿所做的手势后，说出自己理解的意思，看看是否与 1 号幼儿所要表达的意思一致。

二十五、保护我们的鼻子

设计意图

鼻子是人体的一个重要器官。幼儿由于年龄小，对鼻子的作用认识不足，经常会有一些不正确的行为使鼻子受到伤害。教师通过谈话交流、欣赏故事、情景表演等形式，引导幼儿了解鼻子的结构和功能，感受鼻子的重要作用，学会保护鼻子、应对意外的方法，增强自我保护的意识。

活动目标

1. 初步了解鼻子的结构和功能，知道保护鼻子的注意事项和重要性。
2. 在日常生活中能够用正确的方法保护自己的鼻子。
3. 乐于保护自己的鼻子，养成良好的卫生习惯。

活动准备

1. 知识经验准备：幼儿已经知道鼻子是身体的一个部分，以及鼻子的功能。
2. 物质材料准备：深色瓶子 3 个(里面分别装入醋、酒、花露水，瓶子外壁分别贴上红、黄、绿作为区别的标签)，小镜子若干(与幼儿数相同)，PPT(人体呼吸系统)。

活动过程

1. 进行猜谜活动，引出活动主题。

教师请幼儿猜谜语：眼下一座小山，望去不能看见，手可摸到山顶，脚踏不到山边。提示幼儿谜底是人体的一个器官，引导幼儿猜出谜底后，告诉幼儿这次活动主题就是"鼻子"。

2. 了解鼻子的功能，懂得保护鼻子的重要性。

(1)闻一闻。

教师出示分别装有醋、酒、花露水的 3 个瓶子，先后打开瓶盖，让幼儿依次闻一闻。提问："这些瓶子各装的是什么东西？"让幼儿知道用鼻子闻的方法可以区分不同的物品。

教师引导幼儿根据已有的经验说说"鼻子还能闻到什么气味"，在幼儿表述的基础上，教师小结：鼻子还能闻出那么多气味，本领真不小。鼻子是我们人体的重要器官，我们日常生活少不了它。

（2）捏一捏。

教师请幼儿捏紧鼻子，闭紧嘴巴，让幼儿体会不能呼吸的感觉。提问：不能呼吸有什么感觉？人为什么要呼吸？（幼儿根据已有体验交流讨论）

在幼儿交流讨论的基础上，教师结合 PPT"人体呼吸系统图"进行小结：呼吸是人体重要的功能，停止呼吸人就无法生存。呼吸是鼻腔从大气中吸取空气，经过咽喉、气管送到肺部的过程。鼻腔位于整个呼吸通道的最前端，是呼吸通道的一部分。鼻子在呼吸过程中有三大功能：一是"好门卫"，鼻腔里有鼻毛，鼻毛可以挡住灰尘，不让灰尘跑到肺里；二是"清洁工"，鼻腔里有黏液，可以过滤空气，消灭细菌；三是"取暖工"，在冬天，鼻子能将外面寒冷、干燥的空气变成温暖、湿润的空气，有利于肺泡的气体交换。鼻子对我们的日常生活起着这么重要的作用，我们一定要保护好它。

（3）看一看。

教师请幼儿用小镜子照一照，先看看自己鼻子外形的样子，再看看鼻腔里有什么，直观地感受鼻子的功能，加深理解。

3. 通过听讲故事，引入学习保护鼻子的方法。

（1）教师讲述《小猪嘟嘟的奇妙鼻子》的故事（见"活动资源"），结合故事提问：嘟嘟平常有什么毛病？嘟嘟做了什么伤害鼻子的事情？我们应当怎样保护鼻子？（幼儿交流讨论）

在幼儿交流讨论的基础上，教师小结：我们鼻子里有很多细细的血管，容易受伤出血。所以我们要好好保护鼻子，不让它受到伤害。我们不要用手指挖鼻孔，鼻子痒时用手轻轻按压；不往鼻孔里塞东西；不到灰尘多的地方玩，如遇到灰尘时，应用干净的手帕或纸巾捂住鼻子；有了鼻涕要用干净的手帕或纸巾轻轻擦，不要用力擤，正确处理手帕、纸巾，不造成环境污染；游戏要避免互相碰撞、推挤，以免伤害鼻子。

（2）教师引导幼儿探讨在出现意外时应该怎样紧急应对，提出问题：如果东西已流进鼻子怎么办？如果鼻子出血了怎么办？（幼儿交流讨论）

在幼儿交流讨论的基础上，教师小结：如果有东西进入了鼻孔，应该赶快告诉大人，让他们按住另一个鼻孔，自己用力把鼻孔里的东西擤出来，绝不能往里吸或用手指挖。如果鼻子出血了，不要慌乱，首先坐下来，低下头（不要向后仰头，以免血液流入喉中呛到），用拇指和食指捏住两侧鼻翼，暂时用嘴呼吸，然后请大人帮助处理。用冷的湿毛巾放在鼻梁和前额上，用药棉填塞出血的鼻孔。不管出现什么意外，如果大人处理不了，就要及时到医院请医生帮忙处理。

回家后把鼻子的功能讲给爸爸妈妈听。

小猪嘟嘟的奇妙鼻子（故事）

嘟嘟的鼻子可厉害了！它能闻到蜜蜂藏在花心的蜜糖，能找到土里最甜的胡萝卜，还能在雨天嗅到彩虹的味道。森林里的小动物们都夸："嘟嘟的鼻子是魔法鼻！"

可最近，嘟嘟迷上了"挖宝藏"——用小手指抠鼻孔。他觉得鼻子里藏着"小石头"（鼻屎），挖出来就像找到宝石一样有趣。妈妈提醒他："鼻子很娇嫩，不能乱碰哦！"但嘟嘟总偷偷地挖，直到有一天……一天，嘟嘟和小猴踢球时，鼻子突然痒痒的。"阿——嚏！"他朝着小猴打了个大喷嚏，鼻涕喷到了小猴脸上。小猴生气地说："嘟嘟不礼貌！打喷嚏要捂住鼻子呀！"

第二天，嘟嘟的鼻子又红又肿，还流了鼻血！原来他挖鼻孔时戳伤了鼻黏膜。妈妈急忙带他去找兔子医生。医生摇摇头说："嘟嘟，鼻子是我们的好朋友，要温柔对待它哦！"兔子医生教给嘟嘟三个秘诀：

"喷嚏礼仪"：用手肘或纸巾挡住口鼻，像小绅士一样！

"不挖宝藏"：用棉签轻轻清洁鼻孔，或者请妈妈帮忙。

"湿润小卫士"：多喝水，干燥时用生理盐水喷雾。

医生还告诉大家："鼻子能闻到花香、发现危险，还能温暖空气！没有鼻子，我们就尝不到蛋糕的香味啦！"

嘟嘟再也不乱挖鼻子了！他学会了用纸巾擦鼻涕，打喷嚏时用手肘挡住。一天，小熊的鼻子被飞虫撞疼了，嘟嘟立刻用医生教的方法帮他止血，还提醒大家："保护鼻子，从我做起！"

森林里举办了"最美鼻子大赛"，嘟嘟因为健康的粉鼻子获得了冠军！他骄傲地说："我的鼻子不仅是魔法鼻，还是健康鼻！"

二十六、神奇的舌头

设计意图

舌头是人体口腔内的一个重要器官，但是，幼儿对舌头重要作用的认识并不充分，加上缺乏相应的知识，因此忽视了对舌头的保护。教师通过"尝试""游戏""比较""讨论"等活动方式，激发幼儿探索自身奥秘的兴趣，帮助幼儿了解舌头的构造和作用，学习保护舌头的方法，增强自我保护的意识。

活动目标

1. 了解舌头的构造和作用，知道保护舌头的注意事项和重要性。
2. 在日常生活中能主动保护好自己的舌头。
3. 养成爱护舌头的习惯。

活动准备

1. 知识经验准备：幼儿已经知道舌头是身体的一个部分以及舌头的功能。
2. 物质材料准备：小镜子若干（幼儿每人一面），不同味道（酸、甜、苦、辣、咸）的小食品若干（幼儿每人一套，上面插上牙签），PPT（舌头构造）。

活动过程

1. 猜谜引出活动主题。

教师请幼儿猜谜：红门里面红姑娘，酸甜苦辣她先尝。提示幼儿谜底是人体的一个重要器官，引导幼儿猜出谜底后，告诉幼儿这次活动的主题就是"舌头"。

2. 了解舌头各部分的名称。

教师发给每个幼儿一面小镜子，请幼儿用照镜子的方式仔细地观察一下自己的舌头，看看它的上面、下面有什么。幼儿通过照镜子观察后，互相交流自己的发现。

在幼儿交流表述的基础上，教师结合PPT"舌头构造"的图示，把自己的手当作舌头演示，引导幼儿认识各部分名称：舌头后面连着喉咙的部分叫"舌根"，舌根的前面部分叫"舌体"，舌体的最前端叫"舌尖"，舌体的表面叫"舌背"，舌背上有舌乳头、舌苔，舌体的下面叫"舌腹"，舌腹上有舌系带、血管和凸起。

3. 了解舌头的作用。

(1)舌头说话、唱歌的作用。

①教师让幼儿控制舌头不动，试一试还能不能说话。让幼儿体验到如果舌头不动，我们只能发出喉音，不能表达意思，更谈不上唱歌了。

②教师和幼儿一起玩舌头发出声音的游戏：先将嘴唇圆起来，然后舌头前伸，在从后往外送气的同时要动舌头，口腔就发出"啰啰啰"的声音。

教师提问："舌头为什么能帮助我们发出这些有趣的声音？"

在幼儿交流讨论的基础上，教师归纳：在我们发声的时候，舌头通过伸缩、卷起、摇动，并和唇齿配合，再加上气流的控制，可以发出抑扬顿挫的不同声调的声音。因此，舌头可以帮助我们说话、唱歌。

(2)舌头品尝味道的作用。

教师提问：舌头除了能帮助我们说话、唱歌，还有什么作用？

教师发给每个幼儿一套酸、甜、苦、辣、咸等不同味道的小食品，让幼儿带着问题品尝这些小食品。

教师再次提问：你尝到了什么味道？是谁帮助你知道这些味道的？舌头为什么能尝出各种味道呢？

在幼儿交流表述的基础上，教师归纳：因为舌背的乳头上有许多小小的味蕾，这些味蕾对味道特别敏感，能帮助我们尝出各种不同的味道。

(3)舌头反映身体健康状况的作用。

教师让三四个幼儿一起张嘴互相观察舌头，比较各人舌头表面的异同。教师引导幼儿讨论：为什么各人的舌苔颜色不一样？为什么有的小朋友舌苔特别重？

在幼儿交流表述的基础上，教师归纳：舌头是反映身体状况的一个标志。常言道：每天照一照，有病早知道。一个健康的人，面对镜子看自己的舌头，应当是"舌淡红，苔薄白"，也就是说舌体柔润，舌质淡红，舌面上铺有薄而均匀的颗粒、干湿适中的白苔。但是，患病后，舌质与舌苔就会发生变化。因此，经常观察舌苔，可以了解健康状况，及时进行自我保健与调理。例如：舌苔很厚，吃啥都没胃口，可能是胃上火；舌苔又白又厚，可能是消化不良；舌苔发黑，可能是发烧；舌苔发黄，可能患了湿疹，等等。

4. 学习保护舌头的方法。

教师讲述并提问：我们的舌头不仅能帮助我们说话、唱歌、品尝味道，还能反映我们身体的健康状况，舌头的作用真是神奇。如果舌头生病了或受伤了，我们一定会觉得很痛苦。那么，我们应该怎样保护自己的舌头呢？

在幼儿交流讨论的基础上，教师总结"保护舌头"的方法：

(1)舌头最怕刺激性强的食物，我们以后吃东西时要小心，不要吃太辣、太烫或太冷的东西，也不要吃得太快，不能边吃东西边说话，以免咬着舌头。

（2）要注意多吃一些蔬菜、水果，保障供给舌头需要的营养。

（3）保持口腔卫生，早晚刷牙，饭后漱口，让小细菌无法生长。

小朋友们，舌头有很大的本领，我们在保护舌头的同时还要注意不要出现吐舌头等不文明的行为。

让幼儿回家和家长一起找资料，查查动物的舌头是不是跟人类长得一样，它们有什么特殊的本领（见"活动资源"）。

动物的舌头（科学常识）

舌头，对人类来说是一个味觉和发音器官，但对动物来说，不仅是吃食物时的搅拌器，而且还有别的用处。所以，有些动物的舌头就长得奇形怪状，还有许多其他的特殊功能。

老虎等食肉动物的舌头上长有许多肉刺，当吞食猎物时，舌头能把猎物骨头上的碎肉一丝不留地舔干净。

长颈鹿的舌头很长，约60厘米，能把树上的嫩枝嫩叶卷住，吃起来就很方便。

食蚁兽的舌头是动物中最长的，伸入蚁窝可以把白蚁黏出来吃掉。

青蛙的舌头很奇特，舌根长在下颌的前方，舌尖分叉伸入口腔内，舌头上还能分泌黏液。当小虫从它的头部飞过时，青蛙立刻把舌头翻出来，把小虫粘住吞食掉，然后翻回口腔，把食物送入口中。这是青蛙捕食的绝招。

啄木鸟的舌头又长又细，上面长着倒刺，它用凿子似的啄凿开树干上的蛀孔，然后把舌头伸进去，将蛀虫一只只钩出来，即使躲在树干深处的蛀虫也休想漏网。

蜜蜂的舌头生在口器管状的吻中间，采集花粉时，它只要将那长而纤细的舌头伸进花筒，花粉通过吻部进入蜜蜂体内。

蜗牛的舌头上生着无数细小的牙齿，多的竟达1万只。蜗牛危害植物幼苗时，只要用舌头在嫩叶上一刮，就能把嫩叶刮进嘴里，这样常常把农作物的幼苗给害死。

蛇在地上游动时总是昂起头，把分叉的舌头从嘴里不停地伸出缩进，这是用舌头在探查周围的情况。因为蛇的舌头能接受空气中的化学分子，并能正确地判断出近旁是什么物体。

狗不会出汗，也不会因为热而停止活动；狗的身体又不能自我调节温度，狗的汗腺全在舌头上，所以看到狗吐出舌头喘气时，说明狗很热，需要喝水降温或静下来停止活动。

猫有时躺在太阳底下，用舌头舔身上的毛。人们以为猫在清除身上的脏东西，其实不是，原来猫用舌头舔身上的毛，是在给自己补充维生素D。

二十七、玩纸板

设计意图

纸板是生活中最常见的物品，好多商品(如家用电器、厨房用具等)的包装盒都是用纸板做成的。这些商品投入使用后，包装盒就成了废弃物。教师充分利用这些废弃纸板，改造成一物多玩的活动材料，引导幼儿探索纸板的多种玩法，组织富有挑战性的竞争游戏，激发幼儿活动的兴趣，使幼儿在愉快、自主的活动中不断提高身体的灵活性和协调性，促进幼儿跑、跳、钻等运动技能和协调平衡能力的提高。

活动目标

1. 知道废旧纸板可以做成各种体育活动材料，知道利用纸板的各种体育活动的玩法。

2. 能够在活动中发展跑、跳、钻、平衡等综合运动能力，能积极参与创编设计游戏。

3. 体验自制纸板游戏和成功的快乐。

活动准备

物质材料准备：(1)舒缓的音乐，平衡木2个；(2)大冰箱包装盒2个(改造成钻、爬需要的通道)，50厘米正方形纸板若干(与幼儿人数相同)；(3)设置"纸板接力赛"的场地。

活动过程

1. 准备活动。

(1)教师带领幼儿进行队列训练：立正、稍息、左转、右转、后转、齐步走、立定。

(2)教师带领幼儿进行身体活动：摇摇头、伸伸臂、弯弯腰、踢踢腿。

2. 主体活动。

（1）根据题目要求，设计游戏。

①教师出示两块纸板并提出问题："前面有一条河，只能用两块纸板作为搭桥材料，谁能想出过河的方法？"引导幼儿根据题目进行思考，设计出过河的游戏动作，激发幼儿参与游戏活动的积极性。在交流讨论中让每个幼儿充分发表自己的想法和意见，并用动作为大家演示。

在幼儿探讨交流的基础上，教师和幼儿一起归纳游戏玩法：每人拿两块板，先将一块放在地上，两脚站在这块纸板上后，再向前放下另一块。然后双脚立定跳远到第二块纸板上，双脚不动。转身将后面的纸板移到前方，再以立定跳远动作跳上这块纸板。将这一组动作反复进行，直到指定的终点，并把这个游戏活动定名为"搭桥过河"。

②幼儿分散尝试"搭桥过河"游戏玩法，教师提示幼儿要以自己的步幅为距摆放纸板，转身移纸板时，双脚不能动。

③教师将幼儿分成两组，进行"搭桥过河"比赛，看哪个小组的成员最先全部过到对岸。

（2）分组合作探索，创编游戏。

①教师让幼儿自由组合结伴，共同探讨纸板的不同玩法，相互协商创编一个利用纸板进行的游戏。教师提示幼儿创编的游戏要既有玩法、又有规则。教师在各组巡查，并给予必要的指导，完善各组幼儿的创意，使其创编的游戏既安全，又符合要求，且活动量适当。体验运用体育活动经验进行自主创造的乐趣。集中交流，分享经验。

②教师请各组幼儿介绍本组创编的纸板游戏，并演示给大家看。通过集中交流，让大家分享经验。在幼儿交流的基础上，教师和幼儿一起总结出几个有趣的玩法：

游戏一：把纸板顶在头上，从平衡木上走过。

游戏二：把纸板当作球拍，把乒乓球放在上面托着走。

游戏三：把几块纸板间隔一定距离摆放，用立定跳的方式跳过纸板，落在两块纸板的空当中，直至跳到指定的终点。

游戏四：把大纸盒子当作山洞，从里面爬着钻过去。

③教师引导幼儿尝试纸板的不同玩法，并请幼儿选出自己最喜欢的游戏。

④教师选择几个幼儿创编的游戏整合成一个综合活动"纸板接力赛"：将幼儿分成两组在起点排队站好，教师一声哨响，两组的第一个幼儿把纸板顶在头上进行游戏一（如果中途纸板掉了要捡起来再顶在头上，重新过平衡木），下了平衡木后把纸板拿在手里进行游戏三，继而进行游戏四，爬出大纸盒后从平地跑回起点将纸板交给下一个幼儿，下一个幼儿接着出发。如此反复，哪组最后一个幼儿最先回到起点则获胜。通过这个综合活动，让幼儿体验竞赛游戏的快乐，发展幼儿的跳、钻、跑的运动技能和身体协调、平衡能力。

小朋友们，通过玩纸板游戏，我们发现生活中有很多的废旧物品可以进行巧制作，变废为宝，我们要养成节约资源、有效利用可再生资源的习惯。

3. 结束活动。

在舒缓的音乐中,幼儿随教师做放松活动,并一起收拾整理活动材料。

活动延伸

教师鼓励幼儿把自己创编的纸板游戏画出来,贴在墙饰中展示。

二十八、保护我们的嗓子

设计意图

　　一般人只知道眼睛的重要性，而忽视了嗓子的重要作用，没有像爱护眼睛一样去护理它。特别是幼儿更是对嗓子缺乏保护意识，在生活和游戏中经常大喊大叫，遇到不称心的事就大哭大闹，唱歌时用尖腔尖调，就是感冒了也不让嗓子好好休息，往往引起嗓子不适，甚至发炎、疼痛、嘶哑。教师通过"看图片""做实验""听故事"等方式，使幼儿懂得声带是发声的主要器官，了解声带对人生活、健康的重要作用，懂得要保护嗓子，养成轻声说话的良好习惯。

活动目标

　　1. 认识嗓子及其作用，知道保护嗓子的正确方法。
　　2. 在日常生活中能够正确用嗓子，能在一定条件下合理保护嗓子。
　　3. 养成合理用嗓子和保护嗓子的好习惯。

活动准备

　　1. 知识经验准备：知道嗓子（声带）是身体的一个部分及其功能。
　　2. 物质材料准备：有关咽喉的图片 1 张，橡皮圈若干（幼儿人数的一半），（咽喉）PPT，（故事）PPT。

活动过程

1. 了解嗓子的部位和作用。

　　（1）教师出示有关咽喉的图片，告诉幼儿嗓子所在的部位。然后请幼儿用食指和拇指按住颈部靠近下颚的地方，然后发"啊"的声音，体验一下手指有什么感觉（轻微的颤动），让幼儿知道那个颤动的东西就是声带，声带就在我们的嗓子里，声带有两片，像两扇门，可以发出声音。这是嗓子的一个重要作用。

　　（2）教师请幼儿深深吸一口气，仔细体会这口气是从哪里进入体内的，让幼儿知道嗓子的另一个重要作用是帮助我们进行呼吸。

2. 了解声带发音的情况。

(1)教师将橡皮圈剪断变成一根橡皮筋,发给幼儿,让两个幼儿合作操作一根橡皮筋:一个幼儿用两只手捏住橡皮筋的两端,稍用力把橡皮筋拉长,另一个幼儿用手指弹拨橡皮筋,同时仔细听橡皮筋发出的声音。

接着再把橡皮筋拉长一点,再用手指弹拨橡皮筋,同时仔细听辨,比较两次橡皮筋发出的声音有什么变化。让两个幼儿交换操作,再次体验。在幼儿交流表述的基础上,教师归纳:橡皮筋拉得越紧、拉得越长,发出的声音就越高、越尖。

(2)教师引导幼儿用力拉橡皮筋,尽量把橡皮筋拉紧、拉长,同时观察橡皮筋会有什么变化(变细、变松,甚至绷断)。

在幼儿交流表述的基础上,教师讲解:声带发出声音的道理与橡皮筋发出声音的道理一样,长时间高声喊叫就好比持久地把橡皮筋拉紧、拉长,声带就会像橡皮筋那样变细、变松,甚至破裂,发出的声音会嘶哑,嗓子会疼。

3. 探讨如何保护嗓子。

(1)教师结合 PPT,讲述故事《乌鸦的嗓子》(见"活动资源"),结合故事提问:乌鸦最后为什么嗓子哑了,只能"呱呱"叫了呢?

请幼儿说一说自己过去有没有像乌鸦一样不正确的做法,让幼儿知道平时一直大喊大叫,不停地大吵大闹,感冒了也不让嗓子好好休息,就会使嗓子发炎、发痛,导致嗓子嘶哑。

(2)教师继续提问:通过这个故事我们应当接受什么教训,如何保护嗓子?

在幼儿交流讨论的基础上,教师进行归纳:日常说话要轻声细语,唱歌要自然发声,不要大喊大叫,说话、唱歌的时间长了要休息一会。不仅保护嗓子,也体现了我们个人的文明修养,不同场合要注意说话的声音大小和言谈举止的合理性。

平时要多喝温开水,保持嗓子的滋润;多吃胡萝卜、芹菜类的蔬菜,少吃辛辣的食物,也不要吃过冷、过热的食物,以免刺激嗓子。

遇到有毒气或灰尘的地方要赶快离开,以免伤害嗓子;加强体育锻炼,增强体质,提高对上呼吸道感染疾病(如感冒)的抵抗能力;感觉嗓子开始发痛、嘶哑,要及时到医院治疗,以免病情严重。

活动延伸

1. 提醒幼儿在幼儿园的生活、游戏中用正确的方法保护嗓子,养成轻声说话、自然发声唱歌的好习惯。

2. 与家长沟通这次活动的教育目标,请家长在家关注幼儿使用嗓子的情况,注意给幼儿多吃有益于保护嗓子的食物。

乌鸦的嗓子（故事）

在一片绿油油的森林里，住着一只爱唱歌的乌鸦。它原本有一副清亮的嗓子，唱起歌来像叮咚的泉水，连百灵鸟都夸赞它："你的歌声真特别，要是每天练习，一定能成为森林歌王！"乌鸦听了得意极了，骄傲地昂起头："那当然！我的嗓子是天生好！"

渐渐地，乌鸦变了。它不再每天早起练歌，反而总在心情不好时扯着嗓子乱叫："哇——哇——！"黄莺飞过时劝它："这样叫会伤嗓子的！"乌鸦却满不在乎："我的嗓子好得很！"下雨天，它故意在雷声中尖叫；生气时，它对着同伴大喊大叫，甚至熬夜唱歌，连水都懒得喝。

一天，森林举办歌唱大赛。乌鸦自信满满地报名，心想："冠军非我莫属！"可当它站上舞台，一开口却发出沙哑的"呱呱"声，像破锣一样难听。观众们捂住耳朵，小兔子吓得躲进妈妈怀里。乌鸦愣住了——它的嗓子再也唱不出美妙的歌声了！

百灵鸟飞过来，轻声问："你知道为什么嗓子哑了吗？"乌鸦低着头，眼泪啪嗒啪嗒掉下来："我不该乱叫，不听大家的劝……"百灵鸟点点头，递给它一杯水："从现在开始保护嗓子，还有机会好起来哦！"接着，百灵鸟教给乌鸦几个小秘诀：

多喝水：每天像小树苗喝水一样，咕咚咕咚滋润嗓子。

轻声说话：像说悄悄话那样温柔，不在吵闹的地方大喊。

好好休息：睡觉时闭上小嘴巴，让嗓子也做个美梦。

二十九、感冒了怎么办

设计意图

冬季来了，气候寒冷、干燥。在这个季节，幼儿的活动量依然比较大，活动的时候身体产生了热量，出了汗，活动之后就容易着凉感冒。但是，幼儿对感冒的保健常识了解较少，不懂得怎样正确疗养，使身体早日康复。针对这一情况，教师通过讲述故事和交流讨论等活动环节，帮助幼儿了解感冒的症状，懂得生病要积极配合医生治疗，遵照医嘱吃药、休养，使身体尽快恢复健康。同时知道平时要注意预防感冒，增强保健意识。

活动目标

1. 了解感冒的症状，知道感冒后要及早就医。
2. 如果感冒了，能正确疗养、积极配合治疗，使身体尽早康复。
3. 树立保护身体健康要以预防为主的思想，增强保健意识。

活动准备

1. 知识经验准备：幼儿有过感冒的经历，知道感冒的症状。
2. 物质材料准备：(故事)PPT。

活动过程

1. 故事导入。

教师结合 PPT 讲述《小兔蹦蹦感冒了》的故事(见"活动资源")，结合故事提问："小兔蹦蹦得了什么病？感冒有什么症状？感冒后怎么办？小兔蹦蹦为什么去了两次医院才好？"引导幼儿根据已有的生活经验，充分发表自己的见解，了解感冒的明显症状及感冒后的正确疗养。

在幼儿交流讨论的基础上，教师归纳：患感冒时通常头痛、鼻子不通气、流鼻涕、打喷嚏、嗓子疼、咳嗽，有时还会发烧。使幼儿知道自己一旦有以上的情况要及时告诉老师、家长。生病后不要怕，要主动看医生，遵照医生的叮嘱按时吃药、打针，多喝水，多休息，保证足够的睡眠。不贪吃贪玩，吃清淡食物和蔬菜水果，使身体尽快恢复健康。

2. 教师引导幼儿了解一些预防感冒的方法，知道保护身体健康要以预防为主。

教师讲述并提问："小朋友都知道感冒了很痛苦，打针吃药也很难受，还不能去幼儿园和小伙伴们一起玩。我们能不能尽量使自己不感冒呢？怎样才能使自己不感冒呢？"让幼儿知道保护身体健康要以预防为主。

在与幼儿讨论的基础上，教师帮助幼儿总结出预防疾病的方法：防止感冒病菌的传播，平时注意个人卫生，勤洗手，用自己专用的餐具、物品等，不吃别人剩下的东西，远离感冒的人，感冒流行季节注意戴口罩防护、不去公共场所；可以喝些"板蓝根冲剂"预防感冒；坚持参加体育锻炼，不仅能预防感冒，还可以增强身体的抗病能力，预防其他疾病；根据天气情况增减衣服；平时多喝水，等等。

3. 教师引导幼儿相互讲一讲感冒后的正确疗养方法，巩固已获的认知。

小朋友们，当我们感冒了会感到不舒服，还要打针吃药，所以当我们感冒了，要主动接受治疗，不要传染给他人，要学会换位思考，不给别人带来病痛和伤害，当别人生病了，我们要关心他，不能排斥歧视病人。

下次活动设置"小伙伴感冒了"的情景游戏，让幼儿学习如何照顾病人。

小兔蹦蹦感冒了（故事）

清晨的胡萝卜村飘着鹅毛雪，小兔蹦蹦把鼻子贴在窗玻璃上呵出白雾："妈妈我要堆雪人！""先穿上绒毛衣……"兔妈妈举着厚外套追到门口，可蹦蹦早就跑进了银装素裹的森林。寒风卷着雪粒钻进单薄的外套，小兔突然打了个激灵："阿嚏——！"

当正午阳光照进树洞诊所时，梅花鹿医生用听诊器按着蹦蹦的胸膛："38 摄氏度低烧，流清鼻涕，这是典型的风寒感冒。"说着在病历本上画了三个太阳："要按时吃药，戴好围巾……"

可第二天雪停了，窗外的麻雀"叽叽喳喳"叫着。蹦蹦摸摸退烧的额头，偷偷溜到结了薄冰的蒲公英溪。"哇！冰面能照镜子！"他欢快地跺脚，冰层突然裂开蛛网纹。"救命！"湿透的小兔被路过的熊大叔捞起时，浑身发抖像风中的树叶。体温计的水银柱这次直接冲到了 39 摄氏度的红线，小兔的喉咙肿得像塞了颗山楂。

"感冒期间免疫力下降，剧烈活动会加重病情。"梅花鹿医生指着 X 光片上的肺部阴影，"现在发展成支气管炎了，需要做雾化治疗。"

看着妈妈熬红的眼睛，蹦蹦终于乖乖躺在铺满阳光的病床上。每当想掀被子时，床头柜的橙子玩偶就会唱起医生教的儿歌："咳嗽喷嚏掩口鼻，多喝温水别淘气……"

三十、绳子游戏

设计意图

　　绳子是一种简单易取的游戏材料，并且还可以一物多玩。教师引导幼儿根据自己的已有经验，探索绳子的多种玩法，训练幼儿的发散性思维和创造能力。幼儿在游戏中可以锻炼跳、跑、追逐、躲闪的能力，提高身体动作的平衡能力和意识反应的机敏性，同时培养规则意识及合作精神。

活动目标

　　1. 知道绳子可以用来进行体育锻炼，了解常规的几种玩法。
　　2. 能按照规则进行游戏，提高跳、跑、追逐、躲闪的能力。
　　3. 喜欢探索创新绳子的玩法，强化合作意识。

活动准备

　　1. 知识经验准备：有过一物多玩的经验，了解绳子的用途。
　　2. 物质材料准备：绳子(直径 0.02 米左右，长 0.5 米)若干(每个幼儿 1 根)，粉笔若干(场地画线用)，绳操 PPT。

活动过程

1. 准备活动。

教师发给每个幼儿一根短绳，活动身体。

2. 探索活动。

　　(1)教师导语：现在每个小朋友的手上都拿了一条绳子，那么我们利用这一根绳子能玩什么样的游戏呢？小朋友好好地想一想，然后可以告诉老师，怎么样玩绳子游戏。

　　(2)幼儿自由探索绳子的玩法。教师提示幼儿可以几个人一起商量，集思广益，探讨绳子的玩法。

　　(3)教师巡回观察，适时给幼儿予以指导，提供参考意见。

(4)教师引导幼儿交流讨论，集中幼儿的意见，予以提炼、补充、归纳。

(5)教师讲解整理好的游戏方案，请幼儿再行尝试，然后根据发现的问题再进行调整。

3. 游戏活动。

教师引导幼儿按照调整好的方案(见幼儿PPT)进行游戏。

(1)游戏一：小兔跳。

请幼儿把绳子放在面前的地上，学小兔一样从绳子的一边跳到另一边。双手放在背后，双脚并拢，在绳子上方跳过去，跳过来。

(2)游戏二：跳房子。

将幼儿分成两组，把全组幼儿的绳子集中起来，在地上摆成梯子的形状(如幼儿平时玩"跳房子"游戏，画在地上的"房子"一样)。要求用单脚从"房子"的一端跳到另一端，但可以放开双手，以调节身体的平衡。跳起落地的时候，只能落在"房子"的空当里，不能踩着绳子。教师提醒各组幼儿一个接着一个跳，不要推、挤、撞，以免发生危险。

(3)游戏三：开小车。

请幼儿两两自由组合，前后顺向站立。前面的幼儿拿着两根绳子的一端，后面的幼儿拿着两根绳子的另一端，就像开小车一样，听教师的口令向前疾走、急跑，再突然急停。教师提醒幼儿要注意避免互相冲撞。

(4)游戏四：网小鱼。

教师在场地上画一个方框或圆圈，当作"鱼塘"。各组推选四个幼儿当渔夫，其他幼儿当小鱼。四个幼儿一字形排列，其间的三个空当地上各摆放一根绳子。中间的两个幼儿的两只手各拿起两根绳子的一端，外边的两个幼儿各用一只手拿起左右两边绳子的另一端，这样就形成一张"渔网"。当教师下令"开始"，四个"渔夫"立即协调合作，尽力去合围"小鱼"。这时"小鱼"可以躲闪，不让被围住，但不能跑出圈外，否则就"干"死了，不能继续参加游戏。当"渔网"围住一两条"小鱼"时，外边的两个"渔夫"立即将空着的手牵起来，形成一个圆圈。那么圆圈中的"小鱼"就算被捉住了，不能继续参加游戏。游戏继续进行，直到"渔夫"把"小鱼"全部网住。然后交换角色进行下一轮游戏。

4. 结束活动。

带领幼儿做放松活动，结束游戏。教师进行简单的讲评：小朋友们，今天的活动大家不仅发扬了乐于探索的精神，而且很多小朋友比较有创意地创新了绳子的玩法。日常活动和生活中，我们也要开动自己的小脑筋，乐于探索，勇于创新。

活动延伸

回家以后和自己的爸爸妈妈讨论两种绳子的玩法，第二天和大家分享。

三十一、人体的呼吸

设计意图

人体需要不断地呼吸，呼出二氧化碳，吸进氧气，以帮助人体从食物中获得能量，供给心脑工作的需要。因此呼吸系统为维持人体发挥正常的机能发挥着重要作用。教师通过本次活动，引导幼儿体验人体呼吸现象，了解呼吸对人体的重要作用，初步认识呼吸器官，知道应该保护呼吸器官，从而强化健康意识。

活动目标

1. 初步认识呼吸器官，了解人体呼吸的过程。
2. 能用正确的方法保护呼吸器官。
3. 感受呼吸对人体的重要作用，增强呼吸器官保护的意识。

活动准备

1. 知识经验准备：幼儿有过患呼吸道疾病的体验或者知道呼吸的作用。
2. 物质材料准备：(呼吸系统)PPT。

活动过程

1. 带领幼儿进行律动。

吸气，呼气(慢，可多做两次)；吸气(双手放胸前，掌心向上，吸气时，手很慢地向上移动)；呼气(双手放胸前，掌心向下，吸气时，手很慢地向下移动)，多做两次；吸气，呼气(快，可多做两次)；吸气(动作：双手放胸前，掌心向上，吸气时，手很快地向上移动)；呼气(动作：双手放胸前，掌心向下，吸气时，手很快地向下移动)，多做两次。

2. 指导幼儿亲自体验。

(1)教师请幼儿操作以下实验。

①实验1：请幼儿将手放在自己的鼻子下面，做深呼吸，体验气息再说出感觉。

感觉1：感觉有气到我手上来了。

感觉2：我怎么看不见它？

②实验2：请两个幼儿为一组，让对方捏住自己的鼻子并进行呼吸，体验气息，再说出感觉。

感觉1：我不能呼吸啦，好难受啊！

感觉2：我可以用口呼吸。

③实验3：请幼儿用自己的手将鼻子捏住，把嘴巴也捂住，体验气息，并说出感受。

感觉1：我支持不住了，好难受啊！

感觉2：现在才是真的不能呼吸啦！

（2）教师小结：我们人类以及很多动物一刻也不能停止呼吸，否则就感到透不过气来、胸闷、头昏、眼花，甚至窒息，以致失去生命。

3. 帮助幼儿了解人体呼吸。

（1）教师提问：小朋友们都已经知道我们需要不停地呼吸，那么，呼吸为什么能保持我们生命的活力呢？（幼儿自由表述）

教师讲解呼吸的作用：我们呼吸，吸进去的是空气，吐出去的是废气（二氧化碳）。空气中的氧气能够帮助人体从食物中获得能量。但是氧气在人体内贮存量很少，仅够几分钟消耗。因此，必须通过呼吸从外界不断摄取氧气。如果我们大脑细胞缺氧6分钟左右，就要受到致命的损伤，心脏缺氧十几分钟将停止跳动。因此，呼吸是一刻也不能停止的。

（2）教师请幼儿观察PPT相关画页的人体呼吸系统图，引导幼儿认识呼吸器官：鼻子、咽喉、气管、肺部。

（3）教师提问：我们时刻都在呼吸，那么，我们是怎样进行呼吸的呢？（幼儿自由表述）

教师结合PPT相关画页讲解人体的呼吸系统：人体的呼吸系统由鼻子、咽喉、气管和肺部组成。我们用鼻子吸进空气，通过咽喉、气管到达肺部，透过肺泡进入毛细血管，通过血液循环，输送到全身各个器官组织，供给各器官的需要。各器官组织产生的废气（二氧化碳），再经过血液循环运送到肺，然后经原路返回呼出体外。

4. 引导幼儿讨论怎样保护呼吸器官。

（1）教师提问：呼吸器官对人体呼吸起着重要作用，我们一定要保护呼吸器官。对此，我们要注意哪些事项呢？（幼儿交流讨论）

教师参与幼儿的讨论，并归纳：

①保持室内空气清新。早上打开窗户让空气流通，禁止在室内抽烟，扫地时要洒水，以免灰尘扬起。

②预防呼吸道传染病。注意保持良好的环境卫生和个人卫生，不随地吐痰，避免冷空气的刺激，力求少患感冒等疾病。

③坚持锻炼身体。锻炼身体是促进身体健康、提高免疫力的最好途径。

④种植树木花草。树木花草能够防治风沙、吸附粉尘、净化空气、释放氧气。

除了这些注意事项，小朋友们要树立环保观念，注重植树造林，减少空气污染，保护生态环境，净化空气，保护呼吸器官，促进身体健康。

（2）教师带领幼儿诵读儿歌《保护呼吸器官》（见"活动资源"），帮助幼儿记住保护呼吸器官的注意事项。

引导幼儿延伸探讨树木等植物对空气的作用。

保护呼吸器官

（用《小星星》旋律改编）

小鼻子呀轻轻擦，不挖鼻孔不乱抓

灰尘多时戴口罩，烟雾来了快快逃

呼——吸——道——要——保——护——好——

打喷嚏时捂嘴巴，转过身去弯弯腰

青菜水果不挑食，跑跑跳跳身体棒

呼——吸——道——要——保——护——好——

冷天出门围巾绕，二手烟味我不靠

深呼吸呀慢慢来，每天都要开口笑

呼——吸——道——要——保——护——好——

三十二、可乐罐真好玩

设计意图

"一物多玩"活动能促进幼儿想象力的发展，幼儿生活中常见的可乐罐也可以变成他们有趣的玩具。本次活动，教师充分给幼儿空间，让他们积极探索可乐罐的多种玩法，幼儿在活动过程中既获得了快乐的体验，又学会了熟练地进行双脚跳，锻炼了他们的弹跳能力，而且在游戏过程中他们还学会了与同伴相互合作的本领。

活动目标

1. 知道可乐罐的多种玩法。
2. 通过律动、投掷、跳跃、踩踏等动作练习提高身体的综合运动能力。
3. 发展发散思维、探索精神，体验用易拉罐进行游戏的乐趣。

活动准备

物质材料准备：幼儿每人一对可乐罐，罐内装有若干豆子，用胶布封住罐口，并穿上提绳，节奏较强的音乐。

 活动过程

1. 进行预备活动。

（1）幼儿听音乐进入活动场地，准备活动身体。

（2）老师带领幼儿随着音乐节奏，一边念儿歌，一边做可乐罐操（见"活动资源"）。

2. 探索可乐罐的多种玩法。

（1）教师鼓励幼儿自由玩可乐罐，探索各种玩法。

（2）教师请幼儿说说刚才是怎么玩可乐罐的，并把动作做给大家看。小朋友们探索出了不同的玩法，发挥了自己的智慧，我们要多动脑、勤思考，乐于主动探索。

（3）教师根据幼儿探索、演示的玩法进行梳理、提炼，归纳出可乐罐各种不同的玩法（见"活动资源"）。

3. 练习集体游戏所用的基本动作。

（1）教师示范讲解几个集体游戏所用的基本动作。

①可乐罐沙槌：两手各拿一个可乐罐，随着音乐有节奏地摇动。

②可乐罐保龄球：一只手拿住可乐罐，向后摆动，对准指定方向扔过去。

③跳可乐罐：站在可乐罐前，双脚立定跳起，跳过可乐罐自然落下，注意落下时，膝盖稍弯曲，以作缓冲，避免跌倒。

④踩可乐罐高跷：两手分别提住两个可乐罐的提绳，两脚分别踩在两个可乐罐上，手脚协调地向前走，注意保持身体的平衡。

（2）幼儿按照教师的示范讲解进行练习，教师巡回指导，鼓励幼儿互帮互学。

4. 利用可乐罐进行集体游戏。

（1）可乐罐沙槌：教师播放音乐，请幼儿手拿可乐罐沙槌随着音乐击打节奏。

（2）可乐罐保龄球：将幼儿分成人数相等的两小组，每组摆一个可乐罐三角形。各组每个幼儿站在标准线外用可乐罐投掷一次，累计各组幼儿撞倒的可乐罐的个数，按数量多少决定各组的名次。

（3）跳可乐罐：将幼儿分成人数相等的四个小组，各组每个幼儿手拿一个可乐罐，分别站在起点线上。各组第一名幼儿听教师的口令同时出发，依次跳过事先放在地上的可乐罐，然后将手中的可乐罐放在地上，再跑回来与第二名幼儿接力；第二名幼儿再跳过可乐罐，然后将手中的可乐罐放在第一个幼儿所放的可乐罐上面，以后的幼儿都依次将可乐罐垒高，最后看哪组垒砌的可乐罐高而不倒。

（4）踩可乐罐高跷：将幼儿分成人数相等的两个小组，分别站在起点线上。各组第一名幼儿听教师的口令同时出发，用可乐罐作高跷踩着前行，中途脚落下可乐罐，要重新站在可乐罐上才能继续前行，不准徒步走路。走到终点后，用两个可乐罐敲响一下，第二名幼儿才能出发，以此类推。最后一名幼儿先回到终点线的小组获胜。

5. 进行结束活动。

教师带领幼儿在场地上自由走动，同时甩甩手臂、踢踢腿，放松身体，然后结束活动。

提高游戏难度，引导幼儿进行组合游戏。如将幼儿分成人数相等的两个小组，分别排队站在起点线，各组第一名幼儿听教师的口令同时出发，先踩可乐罐桩后跑到终点，再踩可乐罐高跷返回与第二名幼儿接力，最后一名幼儿先返回起点的小组获胜。

可乐罐的多种玩法

1. 抛接可乐罐：将可乐罐向上抛，然后双手接住。注意调整上抛距离，不要碰到自己和别人。

2. 滚接可乐罐：两名幼儿间隔一段距离，向对方滚可乐罐，并接住对方滚过来的可乐罐。

3. 脚踢可乐罐：将可乐罐放在地上，用脚边跑边踢罐，左右脚交替。

4. 运可乐罐：幼儿一次运多个可乐罐，看谁运得多。

5. 可乐罐沙槌：将若干小豆子(或小石子)装入可乐罐中，用粘胶袋把口封住。大家一起随着音乐进行伴奏。

6. 可乐罐保龄球：将 10 个可乐罐摆成正三角形，在距离正三角形底边 2~5 米的地方画一条标准线。幼儿手拿一个可乐罐站在标准线外(不准踩线)，用滚、掷等方式投向可乐罐三角形，看谁撞倒的可乐罐多。

7. 跳可乐罐：将可乐罐依次间隔排列摆放，幼儿双脚连续跳过可乐罐。或者将可乐罐垒高，让幼儿练习跨跳动作。

8. 走可乐罐桩：将若干可乐罐依次间隔排列摆放，幼儿在罐上来回走。或者踏上一个可乐罐，双脚往下跳，再踏上一个再往下跳，连续不停地踏上跳下。

9. 踩可乐罐高跷：把可乐罐对穿两个小圆眼，将塑料绳穿过两个圆眼作为提绳(长短可调节)，即成为提绳小高跷。幼儿双手各提一根可乐罐的提绳，双脚分别踩在两个可乐罐上，手脚协调地向前行走。

可乐罐变变变
(用《两只老虎》旋律改编)
可乐罐儿，可乐罐儿
举高高，举高高
变成火箭冲上天，变成雨点沙沙响
真好玩，真好玩

可乐罐儿，可乐罐儿
摇一摇，摇一摇
变成小鼓咚咚响，变成风车转圈圈
真有趣，真有趣

三十三、有害菌和有益菌

 设 计 意 图

　　提起细菌，幼儿就自然联想到生病、打针、吃药，在他们的心目中，细菌都是导致生病的罪魁祸首。这是对细菌的一种片面认识。事实上，我们把与人体打交道的细菌分为两种，一种为有害菌，另一种为有益菌。因此，教师要通过这个活动，帮助幼儿走出对细菌片面认识的误区，知道既要防止有害菌危害健康，又要利用有益菌维护健康。

活 动 目 标

　　1. 了解有害菌和有益菌，知道不同细菌对健康的作用。
　　2. 能够防止有害菌危害自己的健康，利用有益菌促进健康。
　　3. 愿意积极探究，对认识细菌感兴趣，乐于观察细菌图片。

活 动 准 备

　　1. 知识经验准备：幼儿事先和家长一起收集有关细菌对人体有什么利害关系的资料，让幼儿对细菌有初步的了解。
　　2. 物质材料准备：（细菌结构）PPT，（故事）PPT。

活 动 过 程

　　1. 图片导入。
　　（1）教师讲述：小朋友都知道在我们的生活中，细菌无处不在。可是你们见过细菌吗？事实上，平常我们用眼睛是看不到细菌的。因为细菌很小很小，比一粒细小的灰尘还要小许多许多。我们只有在高倍显微镜下才能看到细菌。你们想看细菌是什么样的吗？可是老师现在没有能看到细菌的显微镜，那么，我们就看在显微镜下拍摄的细菌图片吧！
　　（2）教师请幼儿观察 PPT，观察细菌图片，描述不同的细菌的样子。
　　（3）教师提问：你们喜欢细菌吗？为什么？（幼儿根据已有经验和理解各自发表看

法)

(4)教师讲述：提起细菌，很多小朋友都很痛恨，因为它经常捣乱，让小朋友生病，害得小朋友时常打针、吃药。可是有没有让我们喜欢的细菌呢？要想知道答案，还是听老师讲一个故事吧！

2. 欣赏故事。

(1)教师出示 PPT，讲述故事。

(2)教师结合故事提问：故事中有哪两个细菌王国？(白细菌王国和黑细菌王国)你喜欢哪种细菌？为什么？(幼儿根据自己的理解表述)

教师小结：生活中也有两种细菌，一种就是像故事中黑细菌那样令我们痛恨的细菌，它们带有让我们生病的病毒，我们把这种细菌叫作有害菌，如链球菌、结核菌、大肠杆菌等；另一种是像故事中那样令我们喜欢的细菌，它们帮我们杀掉有害菌，维护我们的健康，我们把这种细菌叫作有益菌，如双歧杆菌、乳酸杆菌、酵母菌等。

3. 交流讨论。

(1)教师提问：各种各样的细菌在我们的生活中无处不在，那么，我们应该怎样防止有害菌损害我们的健康，利用有益菌促进我们的健康呢？

(2)幼儿围绕教师提出的问题交流讨论，教师鼓励幼儿根据自己收集的资料大胆发言，发表看法。

(3)教师小结：为了防止有害菌损害我们的健康，我们必须维护良好的环境卫生，做好个人清洁卫生，注意饮食卫生，避免有害菌进入我们的体内。当然，我们在有效阻止有害菌的同时，也会把有益菌拒之门外，那么我们就吃一些含有有益菌的食物，以供人体的需要。比如，酱油和醋就含有人体需要的有益菌；酸奶中含有乳酸杆菌，可以帮助我们消化，同时还能抑制其他有害菌，维护我们的健康。所以，适当吃含有有益菌的食物对我们的身体大有好处。

与家长沟通，请家长在幼儿的膳食中适当配备含有有益菌的食物，以利于幼儿的身体健康。

 # 三十四、身体的秘密

5~6岁的孩子已经有了性别意识，无意间也发现了男女之间的生理区别，于是对两性问题产生了疑惑和好奇。对此，教师和家长都不可回避，而应对孩子关注的话题作出正面、积极的回应，以恰当的方式和策略去引导幼儿正确认识男孩和女孩不同的身体小秘密，知道应该各自守好这个小秘密，学会尊重自己和别人的身体，同时防范受到不法侵害，从而保护自己。

活 动 目 标

1. 正确认识男孩和女孩不同的性别隐私，知道这是正常的生理区别。
2. 能用正确的方法保护自己身体的隐私部位。
3. 文明礼貌地对待异性小伙伴，进一步增强自我保护意识。

活 动 准 备

1. 知识经验准备：幼儿知道男孩和女孩有一些不一样的地方。
2. 物质材料准备：(男女性别区别的身体部位)PPT。

活 动 过 程

1. 幼儿分组，两个老师分工负责。

在本次活动中以分组活动为主，教师将幼儿分成男孩组和女孩组，两名教师分别带领男孩组和女孩组进行活动。

2. 师幼谈话，了解什么是"性别"。

教师提问：男孩和女孩有什么区别？为什么要分开上厕所？(引导幼儿充分讨论，交流自己对不同性别的看法)

教师小结：从外表看，男孩和女孩头发长短不一样，衣着打扮不一样。更重要的是

227

男孩和女孩的身体各有秘密，这个秘密就是身体的某些部位不一样，这是男孩和女孩性别的根本差异。

3. 观看 PPT 画页，明确身体隐私部位。

教师请幼儿观察 PPT 相关画页，提问：男孩和女孩游泳时穿的游泳的衣服有什么不同？（幼儿根据观察讲述）

教师归纳：男孩只穿了三角形的游泳裤，把下身遮盖起来了；女孩穿了游泳衣，把上身胸部和下身遮盖起来了。小朋友还小，现在下身遮盖的部分就是男、女有差异的部位，将来女孩长大一些，上身胸部也会发生变化，变得也与男孩不一样了。这些被遮盖的部分，就是男孩和女孩不同的隐私部位。

4. 情景讨论，学会尊重自己和别人的身体。

（1）教师讲述情景：老师带着小朋友到街心花园观赏喷泉，东东想小便了，可是厕所在喷泉对面，他不想多走路，就在花坛边上解开裤子直接小便了，小朋友都看见了。女孩子一下都躲开了，男孩子都围着东东一起喊道："羞，羞，羞，东东不怕羞！"

教师结合情景讲述提问：东东的行为对吗？你怎么看待其他女孩子和男孩子的行为？（引导幼儿充分讨论，发表看法）

教师归纳：东东随地小便，有损公共环境卫生，是不文明的行为；他随便暴露自己的小秘密，也是不文明的行为。女孩子躲开，不看东东小便，是一种自尊、自重的行为，也是对东东的尊重；男孩子围着东东羞他，说明他们明辨是非，但是不够尊重东东，应该等东东穿好裤子，再个别地批评他。

（2）教师再次提问：我们为什么不能随便暴露小秘密呢？（幼儿根据自己的理解表述）

教师归纳：我们穿衣服，除了因为保暖、讲究仪表外，同时还是为了保护自己的隐私。这是一种文明的表现，也是人和动物的一个重要区别。因为动物是不懂得文明的，只有人才知道文明，讲究文明。我们不让别人看到自己的隐私部位，哪怕是同性别的小朋友，也不能轻易给别人看，这是对自己的尊重，也是对别人的尊重。如果随便暴露自己的隐私部位，就是不文明、不礼貌的行为。相反，我们也不愿意看到别人的隐私部位，即使是同性别的小朋友，也不要有意去看。这也是对自己的尊重，对别人的尊重。总之，我们既要尊重自己，也要尊重别人。

5. 教师提示，掌握自我保护的策略和方法。

教师讲述：我们身体的隐私部位，除了妈妈，不能让任何人看，更不能让任何人碰。如果有人用花言巧语或者用你喜欢的东西，引诱你单独到隐蔽的地方或无人的房间，千万不要去；如果有人强行做出不尊重你的行为，如有机会就打电话报警，或向父母和你信任的人求救，如果情况紧急，要大声呼叫，让附近的人听见出手救助，以免遭受不法侵害。另外，小朋友之间要互相关心、互相关照，不让坏人有机可乘。生活中要懂得尊重他人，尤其是尊重和保护别人的隐私。

教师和家长都要适时、随机地对幼儿进行性别意识和保护隐私的教育，帮助幼儿完善性别人格，掌握性防范的策略和方法。

幼儿性别意识的产生与教育

一个小男孩看见一个小女孩没穿衣服，他发现女孩没有阴茎而感到非常惊讶。他问妈妈："她小便时用的东西到哪儿去了?"由于妈妈没有心理准备，就告诉他："这个孩子走路不小心摔丢了。"小男孩一听也很担心，他问妈妈："我经常摔跤，会不会也丢了呢?"而一个小女孩也出现这样的情况，当她突然发现男孩们与她的身体不一样时，她觉得很不安。她先问妈妈："那个小男孩长的是什么东西，我怎么没有呢?"这个小女孩急于要知道是什么原因使她与小男孩不一样。而前面的那个小男孩由于发现了女孩与自己不一样，妈妈告诉他是走路不小心摔丢了，就非常担心，经常用手捂着阴茎。他的母亲发现这一现象后，非常担忧，害怕孩子染上不良习惯。其实孩子的这种心理意识是母亲的错误教育方式导致的。

1. 正常的孩子会自然地发现男女之间的生理区别，所以应该在他们的好奇心刚产生时给予正确而合理的解释，可以避免孩子的错误意识。由于幼儿的好奇心理强，如果他们对男女性别差异的疑问得不到合理的解释，一方面会得出使自己不安的结论，另一方面会有意识地去观察男女之间的差别。

2. 对孩子的疑问要及时回答，不要回避和拒绝。幼儿一旦发现了男女之间的性别差异，就会像对其他事物感到好奇一样，急需得到回答。所以家长和老师一定要满足孩子的要求，及时告诉他们一些男女之间的生理知识。有时孩子的提问不那么明确，他们可能会以某种问题来暗示家长和老师告诉他们相关的知识，在这种情况下，家长和老师不要以为这是孩子对性的不健康的兴趣。对幼儿来讲，探索性问题与其他问题完全一样。我们不应该禁止他们提问，也不该骂他们，更不该因感到窘迫而拒绝回答。老师和家长可以直截了当地告诉幼儿：女孩和女人生来就与男孩和男人不同，也可以举例帮助小孩理解。如可以告诉幼儿：男孩生来与爸爸及其他男人都一样，而女孩生来与妈妈和其他女人都一个样。

3. 对于摸弄生殖器的孩子，可以用其他玩具吸引孩子的注意，不要对孩子进行恶性刺激，因为幼儿抚摸自己的生殖器只是一种好奇心理。其实1岁左右的孩子发现自己的生殖器，就如他们发现手指脚趾一样，他们去摸自己的生殖器也同他们摸手指脚趾一样，一般不会导致坏习惯。家长和老师不要使孩子产生抚摸生殖器是邪恶的和干坏事的心理。我们可以让孩子继续对她/他自己的整个身体有一个健康的自然的概念。因为如果幼儿对身体的某个部分有不安情绪，就可能会更注意它，或者老想着它，在这种情况下，可能在以后造成不良的结果。如家长对孩子说"不，不"，或打孩子的手，强行把孩子的手从生殖器那儿拉开，过一会后孩子会更想摸生殖器。所以此类事情宜引导，而不宜强行制止。